U0629320

舰船系统工程丛书

船舶不确定性优化设计理论与方法

刘祖源　魏　骁　冯佰威　常海超　著

科学出版社

北　京

内 容 简 介

目前的船舶不确定性优化设计方法还不够成熟，主要表现在缺乏精准的不确定性因素分类方法；随机不确定性分析传递方法耗时严重；认知不确定性建模方法不够准确合理；缺乏随机和认知混合不确定性下的分析传递方法。本书主要针对这些问题，分别开展不确定性因素分类研究、基于多项式混沌展开法的随机不确定分析传递方法研究、认知不确定性建模研究，以及随机和认知混合不确定性的统一分析传递方法研究。同时，以混合不确定性下的船型不确定性优化设计为例，介绍这些方法的应用和有效性。

本书可供船舶与海洋工程专业的研究生学习，可供相关专业的教师、科研工作者和工程技术人员参考。

图书在版编目（CIP）数据

船舶不确定性优化设计理论与方法 / 刘祖源等著. —北京：科学出版社，2023.11

（舰船系统工程丛书）

ISBN 978-7-03-074805-8

Ⅰ. ①船…　Ⅱ. ①刘…　Ⅲ. ①船舶设计–最优设计–研究

Ⅳ. ①U662

中国国家版本馆 CIP 数据核字（2023）第 024564 号

责任编辑：孙伯元 / 责任校对：崔向琳
责任印制：师艳茹 / 封面设计：陈　敬

科 学 出 版 社　出版

北京东黄城根北街 16 号
邮政编码：100717
http://www.sciencep.com

北京中科印刷有限公司 印刷

科学出版社发行　各地新华书店经销

*

2023 年 11 月第 一 版　开本：720×1000　B5
2023 年 11 月第一次印刷　印张：12
字数：239 000

定价：110.00 元

（如有印装质量问题，我社负责调换）

"舰船系统工程丛书"序

海洋是当今世界各国海上交往的航路，也是各国经济发展和军事斗争的重要阵地。舰船是遂行海上军事作战任务、维护海上通道安全、保障国家海洋利益的重要装备，自产生以来一直受到世界各海洋强国的高度重视。对舰船设计、建造、维修等新技术、新工艺和新材料持续进行研究和投入使用，各类新型舰船应运而生。

现代舰船起源于第二次世界大战，它集"矛"与"盾"的功能于一身，综合拥有侦查预警、指挥控制、多域打击、快速机动、综合防护等核心作战与生存能力，结构与系统组成复杂，高新技术密集，堪称人类军事工业技术的智慧结晶。现代舰船的研制和应用周期也较长，涉及论证、设计、建造、试验鉴定、作战应用和维修保障等众多环节，其工作复杂性和关联性与以往不可同日而语。同时，现代舰船技术体系庞杂，涉及力学、材料科学、机械工程、兵器科学、计算机与信息科学、电子科学、管理工程等专业，是科学技术和基础工业紧密结合的产物，吸引了众多专家、学者、工程技术人员协同技术攻关。

舰船系统工程是系统工程思想、方法在现代舰船装备领域的实际应用。以美国、俄罗斯、英国、日本等国家为代表的世界海洋强国投入大量人力、物力开展现代舰船技术研究和装备研制，进入新世纪以来，先后研制出"福特"级航母、"海狼"级核潜艇、"朱姆沃尔特"级驱逐舰等典型的新型作战舰船。近年来，随着人工智能技术在舰船装备上得到研究和应用，无人潜航器、水面无人舰艇等新型舰船浮出水面。综合来看，现代舰船装备的技术发展水平、系统复杂性和综合能力登上了新的台阶。

为深入系统地归纳、总结现代舰船装备领域相关理论和技术成果，我们组织海军研究院、海军工程大学、上海交通大学、哈尔滨工程大学和中国船舶集团公司有关研究所等单位的专家和学者撰写了该套丛书。丛书作者均为近年来活跃在舰船研究、论证、设计、建造等领域的优秀科研人员，在舰船系统工程方面积累了丰富的科研实践经验，部分作者在反舰武器对舰船爆炸毁伤机理研究、毁伤效应评估、目标易损性分析，以及舰船抗爆抗冲击能力评估与试验考核、舰船爆炸毁伤防护等舰船生命力研究方向，科研学术成绩斐然，在行业内具有较高的知名度和一定影响力。

我们衷心希望，在海洋强国战略的指引下，这套凝结了众多专家学者心血的丛书，能够为舰船教学、科研人员和工程师们了解和掌握现代舰船技术的相关知识，进一步推动我国舰船事业发展尽一份绵薄之力。同时，祝愿广大科技工作者能在国防科技事业中披荆斩棘、勇往直前，取得更大的成绩。

　　　　　　　　　　　　　　　　"舰船系统工程丛书"

　　　　　　　　　　　　　　　　　　编委会

序

先进的设计技术是推进我国船舶高质量创新发展的源头，是形成先进、可靠船舶方案的前提，是推动我国向造船强国迈进的基础性因素。长期以来，我国船舶设计技术和方法与造船发达国家有一定差距，该书将不确定性优化设计方法引入船舶研制领域，可促进船舶设计朝精细化方向发展，极大提升我国船舶设计水平，为该领域走向世界前沿探索出一条可行的途径。

船舶设计中，无论是复杂多变的外界环境、设计者主观认识上的缺失，还是设计目标可靠性、精准性的提升，都存在大量影响设计质量的不确定性因素。如果这些因素被视为固定值，很可能导致船舶性能恶化，甚至方案失效。例如，船舶在极端环境条件下的性能边界不托底、最优的性能点在真实海洋环境条件下不实用等。

实际上，设计因素的不确定性是客观的，视为固定值是抓住主要矛盾、简化设计过程的需要，在对设计技术指标及其精度要求不高的情况下是可行的。为满足船舶高质量发展的需求，切实提高船舶设计的稳健性和可靠性，需要系统地研究设计过程中的不确定因素，提出更为先进的船舶设计理论与方法。

在土木、机械、航空航天等领域，不确定性设计方法得到较为深入的研究和应用，船舶结构分析领域也采用不确定性方法开展了大量研究工作，但是在船舶总体设计领域，对不确定性设计优化尚未开展系统研究。

该书作者结合相关国家自然科学基金项目、工信部项目的研究成果，对船舶不确定性优化设计方法进行了较为全面的基础性研究。他们将取得的成果通过系统梳理形成该书。书中重点对船舶不确定性优化设计存在的基础瓶颈问题，基于可靠性、稳健性设计的概念，从不确定性分类、不确定性设计建模到不确定性分析传递方法等进行了系统阐述，揭示了多源随机和认知不确定性因素对于船舶设计方案的影响机理和规律，并形成混合不确定性下的船型优化设计方法。

　　该书具有创新性，对于该领域的深入研究具有指导和借鉴作用。当然，由于该书是探索性研究，难免有不完善的地方。引起同行专家关注、通过共同切磋促进该研究不断走向成熟，我想这也是该书出版的初衷。

中国工程院院士

2023 年 1 月 5 日

前　　言

目前的船舶设计大多是确定性的设计过程。然而，在实际研制过程中，船舶的设计方案会受到许多不确定性因素的影响，这些影响可能导致船舶性能达不到预定的设计目标，甚至是船舶方案失效。因此，为确保船舶设计方案的稳健、可靠，需要在设计初期就充分考虑各类不确定性因素的影响，深入开展船舶不确定性优化设计研究。

船舶不确定性优化设计是在考虑不确定性影响下，根据稳健性和可靠性设计要求对设计空间进行寻优的一种设计方法。船舶的不确定性优化设计主要包括 RDO 和 RBDO。其中，RDO 是追求系统性能稳定性、降低不确定性对系统性能影响的优化设计。其典型的度量指标为目标函数的均值和标准差。RBDO 重点考虑设计变量和参数的不确定性对约束的影响，即约束的失效概率。

然而，目前的船舶不确定性优化设计方法还不够成熟，主要表现在，缺乏精准的不确定性因素分类方法；随机不确定性分析传递方法耗时严重；认知不确定性建模方法不够准确合理；缺乏随机和认知混合不确定性下的分析传递方法。本书主要针对上述问题，开展不确定性因素分类研究、基于多项式混沌展开法的随机不确定分析传递方法研究、认知不确定性建模研究、随机和认知混合不确定性的统一分析传递方法研究，最后以混合不确定性下的船型不确定性优化设计为例，介绍方法的应用和有效性。

本书的相关研究工作得到国家自然科学基金项目(51979211、52271327、52271330)及绿色智能内河船舶创新专项[(2019)358 号]的资助。感谢团队师生及国内外同行对本书的鼓励和支持，特别感谢朱英富院士在百忙之中对本书的指导，以及魏英杰编审给予的支持和帮助。

限于作者水平，书中难免存在不妥之处，恳望各位读者不吝赐教。

作　者

2022 年 8 月

目　　录

第1章 绪 论

目前的船舶研制大多属于确定性优化设计，较少考虑不确定性因素的影响。这种设计模式常导致船舶方案失效或者船舶性能达不到预定的设计目标。因此，为确保船型方案的稳健、可靠，就需要在设计初期充分考虑各类不确定性因素的影响，开展船舶不确定性优化设计研究。本章重点介绍不确定性的来源、分类、分析传递的发展现状，并提出船舶不确定性优化存在的主要问题。

1.1 不确定性的来源和分类

在实际工程问题中，从产品的设计、制造到运行，其全生命周期的各个阶段均存在多种不确定性，梳理这些不确定性因素的来源，对开展不确定性优化设计具有重要意义。国内外相关领域的学者对此开展了大量研究。冯伟[1]考虑实际工程数学建模和求解的不确定性，将不确定来源分为三类，即对真实结构进行数学建模时引入的模型不确定性、系统输入参数(如测量数据)的数据不确定性、数值计算方法产生的计算误差。王宇[2]根据不确定性的数据来源将其分为与物理量直接相关的物理不确定性、统计推断过程中由有限样本容量产生的统计不确定性、建模过程中产生的模型不确定性。方兰[3]根据实际工程背景，将影响结构性能的不确定性划分为量测信息的不确定性、材料参数的不确定性、载荷的不确定性、几何尺寸的不确定性、初始条件和边界条件的不确定性、计算模型的不确定性等六个方面。

在确定不确定性因素的来源之后，就需要开展分类研究。目前，主流的方法是将不确定性因素分为随机不确定性和认知不确定性。其中，随机不确定性主要描述物理系统或者环境自身固有的不确定变化，也称客观不确定性。它无法通过收集更多数据或信息而避免，是不可减少的。认知不确定性由建模过程中设计者对某一行为缺乏相应的知识而产生，也称主观不确定性。它可以通过收集更多数据或信息来避免，是可减少的。上述分类方法在很多领域已经被应用，包括决策分析、风险评估、政策分析、科学计算、建模和仿真等。

对于复杂产品系统，不确定性的分类还需要根据具体系统进行专门研究。De Laurentis 等[4]建立了一个框架，用于识别航天飞行器综合设计中的不确定性类型。通过类比控制模型，De Laurentis 将不确定性分为四种类型，即输入不确定性(模糊或定义不明确)、操作环境不确定性(未知或不可控制的外部干扰)、模型参数不确定性(数学模型中的错误)、测量不确定性(实际测量产生的误差)。Walton[5]对空间系统生命周期的主要不确定性进行了整体观察，将其分为发展不确定性、运行不确定性、模型不确定性。随着基于仿真的设计逐渐成为现代工程的主要方法，建模和仿真的不确定性也得到深入研究。通常模拟预测的不确定性可归类为外部不确定性和内部不确定性[6-8]。内部不确定性与仿真模型有关，仿真模型可进一步分为模型结构不确定性和模型参数不确定性。模型结构不确定性，也称非参数不确定性[9]，主要是由于模型的假设不准确，无法正确描绘物理现象[10]；模型参数不确定性，也称参数不确定性，主要由估计模型参数的信息有限产生。

Oberkampf 等[11,12]进一步提出使用术语"误差"来明确定义建模和模拟的任何阶段中的可识别误差。这些误差不是缺乏知识产生的，而是设计者通过检查可发现的误差，如编程误差。在美国航空航天局(National Aeronautics and Space Administration，NASA)关于航空航天飞行器不确定性多学科设计方法的研究报告中提到，通过两种不确定性的互补分类解决计算不确定性的分类，其中一种是参数不确定性和模型形式不确定性，另一种是基于 Oberkampf 提出的分类。本书主要讨论参数和模型形式的不确定性。

1.2　不确定性的建模

根据不确定性的具体特征和可获得的信息，需要采用不同的方法适当地表示和模拟不确定性。对于不确定性建模，国内外已经研究了许多方法，其中常用的方法包括概率方法、凸模型、证据理论、区间分析和可能性理论等。一般地，随机不确定性由概率法进行描述。该方法具有悠久的历史，良好的理论基础，比其他理论更为人所知。对于缺乏精确概率分布的认知不确定性，则由不精确概率方法，即非概率法表达[13,14]。不确定性主要建模方法如图 1-1 所示。

1.2.1　随机不确定性建模

随着不确定性分析在工程中逐渐受到重视，人们引入概率论，将不确定性表示为随机变量或随机过程(时间相关)，通过对研究对象的样本数据进行分析，对其随机分布做出统计推断和参数估计。得到随机分布后，随机变量的特征量，如平均值、标准差、统计矩和联合概率的属性等可以用概率的方法定义和计算。如果信息足够估计变量的概率分布，则可以将不确定性变量处理为随机变量。首先假设随机变量服从某种分布(高斯、泊松、对数正态等)，然后用足够的数据(或其他种类的可用信息)估计分布的参数，以准确拟合其概率密度函数(probability density function，PDF)。分布的种类可以根据过去的经验、先验知识、专家意见[15,16]，以及变量的不确定性特征及其涉及的背景进行选择。分布的参数可以使用参数估计方法估计，如矩估计法、极大似然估计(maximum likelihood estimation，MLE)等[17]。如果数据样本很小，则可以通过无界约翰逊分布的贝叶斯推断，选择统计分布模型和模型拟合[18]。

1.2.2　认知不确定性建模

虽然概率法已广泛应用于解决不确定性设计问题，但是常常面临着没有足够的信息来建立概率模型的困难。在这种情况下，随机不确定性退化

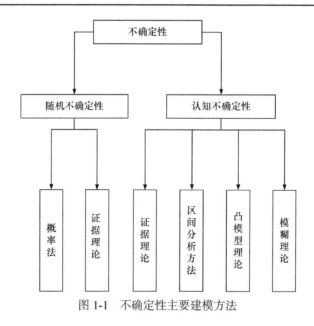

图 1-1　不确定性主要建模方法

为认知不确定性。为了处理认知不确定性，非概率法的研究逐渐兴起。非概率法常用的方法有区间分析方法、凸模型理论、证据理论、模糊理论等。

1. 区间分析方法

区间分析方法是使用最广泛的不确定性非概率建模方法，用变量的变化区间来描述不确定性。该方法使用简单，在实际工程中应用广泛。

在采用区间法进行分析之前，需要知道不确定量的变化区间，因此根据已有数据确定区间范围是至关重要的。目前确定区间范围的方法主要有以下三种。

(1) 最值法。以数据样本中的最小值 $x_{\min}$ 和最大值 $x_{\max}$ 构成不确定性区间 $[x_{\min}, x_{\max}]$。

(2) 灰数法。原始数据样本为 X，均值为 μ，将数据从小到大排列后，得到一个单调递增的数列 $X_n^{(0)}$ (n 为样本数量)，分别计算排列后样本的前 k 项和($k = 1, 2, \cdots, n$)，得到数列 $X_n^{(1)}$。定义 $\Delta_k = k\mu - X_k^{(1)}$，通过灰色常数 c 确定数据不确定度的定量化评定系数 $s = c\dfrac{\Delta_{\max}}{n}$，确定数据的变化区间为 $[\mu - 3s, \mu + 3s]$。

(3) 统计法。计算数据样本的均值 μ 和标准差 σ，根据 3σ 原则确定变化区间为 $[\mu - 3\sigma, \mu + 3\sigma]$。

姚东林[19]采用最值法、灰数法和统计法对比了不同区间范围的可靠性分析结果。结果表明，最值法会过高估计产品的可靠度，统计法的可靠度最为保守，灰数法介于二者之间。当存在异常数据时，灰数法得到的区间较统计法偏小，而剔除异常数据后，灰数法与统计法得到的区间几乎一样。同时，讨论了灰数法中灰色常数的取值，一般情况下取 $c = 2.5$，在数据采集准确的情况下可以取较小值。

在区间分析方法中，由于不确定量是一个区间范围而不是一个确定的数，因此在数学转换模型的建立，以及基于区间法的优化问题求解等方面存在一系列的技术难点需要解决。姜潮[20]提出一套基于区间的不确定性优化理论和算法系统，从数学规划理论方面提出两种非线性区间数优化的转换模型，即区间序关系转换模型和区间可能度转换模型，实现不确定性优化问题向确定性优化问题的转换。

区间序关系是根据设计者对区间中心 $f^c(X)$、半径 $f^\omega(X)$，或者边界的偏好情况判断区间优劣的标准。区间序转换模型基于序关系，将不确定目标函数转换为一确定性的多目标优化问题。转换后的确定性优化模型为

$$\min(f^c(X), f^\omega(X))$$
$$\text{s.t.} \quad P(M_i^I \leqslant N_i^I) \geqslant \lambda_i$$

区间可能度转换模型中，通过引入性能区间 V^I 对目标函数的可能度 $P(f^I(X) \leqslant V^I)$ 进行最大化，从而将不确定目标函数转换为确定性的目标函数。转换后的确定性优化模型，即

$$\max P(f^I(X) \leqslant V^I)$$
$$\text{s.t.} \quad P(M_i^I \leqslant N_i^I) \geqslant \lambda_i$$

对比两种转换模型，二者对约束的转换都基于区间可能度。区间可能度转换模型对目标函数也基于区间可能度进行转换，并且转换后为单目标优化问题，具有较为统一和简单的数学形式，但是其性能区间的确定需要

决策者对优化问题具有深刻的了解。在这一点上，其适用性不如区间序关系转换模型。

在区间数的运算过程中，传统的区间算法是通过区间边界进行数学运算，而区间法作为一种保守估计的分析方法，在区间运算过程中会不断地扩大运算结果的区间范围，形成区间扩张，使结果失真，失去实际意义。研究表明，对于同一参数，计算过程中出现次数越多，区间扩张越大；对于不同参数，相关性越强，区间扩张越大。为了解决区间扩张问题，方兰[3]分析了区间截断法、改变运算顺序方法、子区间摄动法，最终采用仿射算法限制区间扩张，并讨论了其局限性。乔心州[21]结合泰勒级数，使每个区间参数仅出现一次，从而降低区间扩张。靳红玲[22]针对运用区间分析时存在的计算结果偏于保守的缺点，引入泛灰数学方法进行区间分析。通过比较分析泛灰运算规则和区间运算规则不难发现，两者的加法运算法则完全相同，但是对于减法、乘法、除法运算，用泛灰运算规则得到的解区间的下界和上界分别是由参与运算的泛灰数的下界和下界、上界和上界计算得到的；用区间数计算得到的解区间的下界和上界是由参与运算的区间数的下界和上界混合运算的极限值确定的。这就导致使用泛灰数计算得到解区间比用区间数计算得到的解区间小，从而减小区间扩张。

2. 凸模型理论

凸模型是 Ben-Haim 等[23]在 1990 年提出的更为通用的方法，用凸集表示不确定性。凸模型包括能量约束模型、区间模型、椭球模型、包络约束模型、约束模型、傅里叶约束模型等。凸模型的一种典型描述是 $X^TWX \leqslant a$ 定义的椭球模型，其中 X 为不确定参数向量，W 为正定矩阵，a 为正实数。通过该描述，由 X 表示的不确定量是椭圆体，而不是下边界和上边界定义的超立方体。这是合理的，因为不确定量不可能一直彼此独立且同时达到边界，因此实际应用中普遍使用凸模型来表示不确定量之间的相关性。

在 2 维和 3 维不确定量的情况下，上述凸模型分别为椭圆和椭球，而高维椭球模型的构建还需要一定的优化算法支持，以合理地处理样本数据。对于一个确定的数据样本，只要描述的椭球足够大，总能使构建的椭球模型包含所有的样本点，因此可构建的椭球模型有无数个，但是显然要使不确定空间尽可能小，体积最小的椭球才是最合理的不确定空间。因此，高维椭球模型的构建可转化求解，使椭球体积最小的正定矩阵 W 的优化问题。毕仁贵[24]基于非线性规划的基本原理，将最小闭包椭球问题转化为凸优化问题，开发了构建椭球模型的稳定高效算法。同时，在综合分析区间模型和椭球模型形貌特征的基础上，进一步提出基于椭球模型的期望、方差、协方差、全矩阵等基本概念，通过证明指出不确定变量之间的协方差矩阵即椭球模型特征矩阵的逆矩阵。

除了椭球模型，还有一些其他几何形状的凸模型也应用到实际工程中。王攀等[25]提出一种改进的平行六面体凸模型，通过参数的边缘区间及相关夹角构造 2 维模型，作为其不确定域；将高维映射到 2 维平面，构建平行四边形模型，然后通过仿射坐标转换，将平行六面体模型转换为仿射空间中的区间模型。谢凌[26]基于主成分分析提出一种新的不确定性建模方法，通过主成分分析获取正交的特征向量方向，经过线性变换将不确定参数数据转换至特征方向，求得新坐标空间下的区间，以传统区间模型与转换后区间模型的重合域作为不确定凸集模型，使构建的凸模型更具一般性，而不是某种特定几何形状的凸模型。

3. 证据理论

证据理论是由 Dempster 于 1967 年提出，并由他的学生 Shafer 于 1976 年进一步发展起来的一种不确定性理论，也称 Dempster-Shafer 证据理论 (D-S 证据理论)。它根据命题的已知证据信息确定可信度和似真度来衡量不确定性，在区间分析方法的基础上将区间细分，划分后的单元称为焦元，为每个焦元赋予基本概率分配(basic probability assignment，BPA)。对于某一事件，其完全包含的所有焦元的 BPA 之和构成证据定义概率的下限，称为可信度(belief measure，Bel)，$\mathrm{Bel}(A) = \sum_{B|B \subseteq A} m(B)$ ；而与其交集非空的所

有焦元的 BPA 之和则构成上限，称为似真度(plausibility measure，Pl)
$\mathrm{Pl}(A) = \sum\limits_{B|B\cap A\neq\phi} m(B)$。可信度指完全支持命题 A 的证据的基本可信数之和。似真度指完全或者部分支持命题 A 的基本可信数之和。这两个度量共同构成描述命题 A 不确定性的概率区间。

以 2 维情况，两个区间变量 Z_1 和 Z_2 为例，其区间变量的联合证据空间如图 1-2 所示。

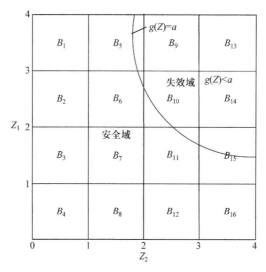

图 1-2　区间变量的联合证据空间

可以看到，完全在失效域 A 的焦元为 B_9、B_{13}、B_{14}，与失效域 A 相交非空的焦元除了 B_9、B_{13}、B_{14}，还有 B_5、B_6、B_{10}、B_{11}、B_{15}，因此有

$$\begin{cases} \mathrm{Bel}(A) = m(B_9) + m(B_{13}) + m(B_{14}) \\ \mathrm{Pl}(A) = m(B_9) + m(B_{13}) + m(B_{14}) + m(B_5) + m(B_6) + m(B_{10}) + m(B_{11}) + m(B_{15}) \end{cases}$$

衡量可信度和似真度的信息或证据可来自多个途径，如实验数据、理论证据、专家对参数可信程度或事件发生的看法等，并且证据可以通过一定的组合规则更新概率测度。尽管该方法在处理高度不一致的数据源时有局限性，可能导致证据组合不可靠，但是仍有许多学者对证据理论做出了改进，并将其应用于风险评估、决策和优化设计等。

4. 模糊理论

　　模糊理论是 Zadeh 提出的模糊集和模糊逻辑理论的延伸。当信息量很少或数据稀疏时，该理论可用于模拟不确定性[27]。模糊集与传统集合相反，不具有固定的边界。令 $\tilde{A}$ 为模糊集，属于 $\tilde{A}$ 的单个点 x 的隶属度，也称特征函数，用 $\mu_{\tilde{A}}(x)$ 表示。模糊集 $\tilde{A}$ 和经典集 A 比较，其隶属度可以在 0～1 之间变化；对于经典集合，隶属度应该是 0 或 1。因此，清晰集合可以被视为模糊集合的特殊情况。在模糊理论中，隶属函数扩展到模糊分布表示事件可能发生的程度。

　　随机和认知不确定性都可以用这个理论表示[28]。与概率论相比，模糊理论在置信水平方面可能更加保守。如果有足够的关于不确定性或准确预测模型的信息，概率论更具有优势[29,30]。模糊集和模糊理论在工程优化设计和决策中也得到了应用[31,32]，在同时考虑可能存在的两种不确定性的基础上，通过集成的统一算法[33-35]，使模糊理论也可以与概率论一起应用。

1.3　不确定性分析

1.3.1　随机不确定性分析

　　不确定性分析主要研究模型输入不确定性和模型自身不确定性对系统输出的影响，侧重于评估、模拟系统输出的随机特征。通常，不确定性分析方法可分为两类，即侵入式和非侵入式[36]。

　　侵入式主要涉及控制方程的重新构建和模拟代码的修改，以便将不确定性直接结合到系统中。其中，典型的例子是多项式混沌展开(polynomial chaos expansion, PCE)法，可以表示为具有正交多项式展开的随机过程，通过编辑现有分析代码求解确定性方程的耦合系统。与侵入式方法相比，非侵入式方法无需修改现有的仿真代码，较为方便。PCE 法也可以采用非侵入式的形式解决不确定性问题[37,38]。

　　是否采用侵入式方法取决于具体问题和学科，例如对不确定性条件下的工程结构分析问题，侵入式方法对刚度矩阵进行随机展开，进而对位移、模态等系统响应的不确定性进行分析，因此需要对有限元代码进行更改。

本章主要介绍广泛使用的非侵入式方法，包括蒙特卡罗(Monte Carlo，MC)法、PCE 法，以及一些特定的用于可靠性分析的方法。

1. MC 法

MC 法是一类执行重复采样和模拟的计算算法[39,40]，用于得到响应的统计数据。这种方法作为一种统计抽样方法，在概念上是直接且易于实现的，即输入随机参数被重复且独立地按给定的分布进行采样，对输入的每个样本求解输出响应，并估计所需的统计特性，如统计矩和 PDF。只要提供足够数量的样本，MC 法可以提供任意精度的统计分析结果。因此，MC 法通常被用作评估不确定性分析技术优劣的基准。

MC 法的准确性与样本个数密切相关，精度提高 1 位意味着样本增加100 倍。为了解决这个问题，国际上已经开发了多种基于不同采样技术的改进 MC 法，并且这些方法已经被证明比随机采样方法更有效。在这些采样方法中，重要性采样也称加权采样[41]。该方法通过重要性采样将建立的PDF 的误差降低[42,43]。Cao 等[44]也提出使用目标响应的 1 阶灵敏度信息加速 MC 法估计收敛，并且这种灵敏度增强方法可以将精度提高一个数量级。当 MC 法用于估计小量级的失效概率时，上述方法显得尤为重要。

2. PCE 法

MC 法是工程应用中常用的方法，但是需要通过大量采样实现统计收敛。对于常需要大量模拟仿真计算的优化设计，直接使用 MC 法显然是不可行的。

PCE 法较常用的 MC 法，可以用较少的计算成本量化多个不确定参数共同作用下输出的随机性质，在不确定性优化设计上比 MC 法更具优势。Wiener 在 1938 年提出该方法，为随机分析领域提供了一种高效不确定分析量化方法。PCE 法可以视为在数学上通过最优的方式，以高维多项式的形式去构造和获得包含不确定参数的模型响应面。Augustin 等[45]讨论了 PCE 法的优势和局限性，以及相关的展开技术。Oladyshkin 等[46]展示了如何在不确定性影响下使用 PCE 进行稳健设计。基于 PCE 法的灵敏度分析[47,48]受到越来越多的关注，Sudret 等[49,50]展示了经典的 PCE 法如何以较低的计算成本提供全局敏感性分析所需的信息。

PCE 法最重要的步骤是求解 PCE 系数，主要可以分为侵入式方法和非侵入式方法。侵入式方法需要操纵控制方程，有时可以为随机分析提供半解析解，其中最著名的是随机 Galerkin 技术。该技术起源于结构力学[51]，已应用在流场问题的不确定性建模研究中[52,53]。但是，由于需要对原始模型进行改进和调整，该过程可能变得非常复杂且烦琐。因此，诸如稀疏正交[54]和概率配点[55,56]等方法越来越受到关注。

最初的 PCE 法是基于 Hermite 多项式展开的。该多项式对于满足正态分布的随机变量是最佳多项式。然而，工程中的自然现象和不确定性通常并不是如此简单。物理模型参数的分布通常不能统一认定为正态分布，但是可以通过高斯变换、正态分数变换[57]、近似参数变换[58]等进行适当变换，使非正态变量转化为正态变量。然而，对转换后的变量进行展开不能认为是最佳选择，因为它可能导致展开收敛缓慢[59]。因此，在 Wiener 提出多维 Hermite 正交多项式表示的高斯随机过程之后，Ghanem 等[60]开发了谱随机有限元方法，并广泛应用于各学科，包括结构力学、流体力学[61,62]等。Xiu 和 Karniadakis[63]进一步提出利用正交多项式的 Askey 族展开表示随机过程。该方法可作为 Wiener-Hermite 混沌展开的推广，它使用不同的 Askey 族多项式子集，对不同分布的随机变量采用不同的多项式。基于 Askey 族[64]的正交多项式使 PCE 技术扩展到广义多项式混沌(generalized polynomial chaos，gPC)。gPC 是传统 PCE 法的扩展，不只针对正态分布的 Hermite 多项式，对常见的概率分布(如伽马分布、贝塔分布、均匀分布等)也有最优多项式。然而，随着应用范围的扩大，PCE 法被要求能够进一步适应更大的分布范围。一种多元素广义多项式混沌(multi-element generalized polynomial chaos，ME-gPC)方法[65,66]被学者提出。该方法首先将随机空间分解为局部元素，然后在各个元素内实现 gPC。它是一个自适应分段方法，能够处理分布或模型响应的不连续性问题，可以为随机建模提供一种灵活的工具。但是，ME-gPC 方法将这些数据解释为确切已知的概率分布，因此极大地增加了多维随机问题的计算量[67]。

3. 随机不确定性的可靠性分析方法

可靠性分析是考虑系统及其运行环境中涉及的不确定性影响，在概率法可靠性分析中，确定约束 $g(x) \leqslant 0$ 的失效概率 p_f，一般可以使用积分计算失效概率，即

$$p_f = \int_D p(x)\mathrm{d}x$$

失效域 D 定义为 $g(x) > 0$。系统的可靠性 R 由 $R = 1 - p_f$ 给出。这种积分通常难以分析计算，因为联合概率分布函数和失效域 D 很少以显式的形式被精确定义，并且多维积分可能是无法进行的，特别是对于分析模型耗时较长的复杂系统，这种积分更难进行。

因此，需要各种近似方法，包括数值积分方法，以及特定的基于可靠性分析的其他积分近似方法，如基于拉普拉斯多维积分方法的渐近逼近[68]、基于积分的失效主域覆盖法[69]、基于快速傅里叶的变换法[70,71]、尾部建模方法[72,73]、降维方法[74-76]、1 阶可靠性方法(first order reliability method，FORM)和 2 阶可靠性方法(second order reliability method，SORM)等。在这些近似方法中，FORM 和 SORM 在工程问题中的应用最为普遍[77]。此外，文献[78]、[79]提出几种改进方法来提高计算效率。为提高计算精度，人们提出高阶可靠性方法(higher order reliability method，HORM)[80]、2 阶矩方法、3 阶矩方法[81]和高阶矩方法[82]。除此之外，还有基于 FORM 的系统输出累积分布函数的方法[83]，以及对 FORM 和 SORM 的准确性和适用范围的全面研究[84]。Breitung[85]详细分析了 FORM 和 SORM 的渐近行为，结果表明只有 SORM 给出了积分的渐近逼近，而 FORM 会产生无法控制的相

对误差。如果需要使用广义可靠性指标[86]，也可以通过 FORM 获得渐近逼近，并且由于其在计算效率方面的优势，在工程应用中更受欢迎。

除了上述近似方法，采样方法也可以直接求解失效概率的积分。然而，在满足给定所需的置信水平和百分比误差要求的前提下，当 p_f 非常小时，样本个数将非常大，并导致难以承受的计算负担。为了解决这个问题，学者开发了几种有效的采样技术，如重要抽样[87-90]及其变体自适应抽样[88]、子集模拟[89]、线路抽样[90-92]、方向模拟[91-94]等。同时，为了进一步提高可靠性分析效率，可以利用响应面方法(response surface method，RSM)代替计算耗时的精确函数来减少计算负担[92-95]。

1.3.2　认知不确定性分析

认知不确定性分析主要分为两类，一类为考虑认知不确定性的稳健性分析方法；另一类为考虑认知不确定性的可靠性分析方法。

1. 考虑认知不确定性的稳健性分析方法

在随机不确定性影响下，典型的稳健性度量指标为目标函数响应值的标准差，而在认知不确定性的影响下，由于没有准确的不确定性分布信息，一般以目标函数响应值的区间半径作为稳健性度量指标。

2. 考虑认知不确定性的可靠性分析方法

在工程实际中，不确定性信息有时难以准确获知，因此限制了概率可靠性理论的应用。在许多情况下，虽然不易获得不确定性的分布信息，但是其界限易于确定。基于这一背景，许多学者提出非概率可靠性理论。Ben-Haim[93]于 1994 年基于凸集理论提出非概率可靠性的概念，认为若系统能容许不确定量在一定范围内波动，则系统是可靠的。

与传统的可靠性分析方法相比，非概率可靠性理论还未完善，可靠性指标的定义标准未统一。郭书祥等[94]基于区间分析，提出一种非概率可靠性度量体系及分析方法，在标准化区间变量的扩展空间中，将坐标原点到失效面的最短距离作为非概率可靠性指标，并从物理、几何等方面解释其意义。王敏容[95]建立了区间可靠性的表达式，以超立方盒与失效面的切点为指标，明确了区间模型下非概率可靠性指标的几何意义。乔心州[21]提出一种基于椭球凸集的结构非概率可靠性模型，采用结构安全域的体积与基本变量域的体积之比度量结构非概率可靠性。江涛[96]提出一致界限凸集模型非概率可靠性指标的解析法和 1 维优化算法，并将仿射运算引入一致界限凸集模型非概率可靠性指标的计算中。

综上所述，非概率可靠性理论是传统概率可靠性理论的有益补充，但是其理论、算法和应用还有待改进。

1.4　不确定性优化设计

作为优化中最重要的一个问题，不确定性优化设计理论和应用也在不断发展之中。随机线性规划方法在 20 世纪中期引入，用于解决参数随机性的优化问题[97]。为了满足优化过程中要处理离散整数和非线性特性的需求，人们提出许多解决这一问题的新方法，如随机整数规划[98,99]、随机非线性规划[100,101]、稳健随机规划[102,103]、随机动态规划[104,105]等。它们通常组合在一起并称为随机规划[106,107]。为了解决优化中的认知不确定性，模糊规划，以及随机和模糊的混合方法也得到快速发展[108-111]。

通常对于优化设计中的不确定性因素有两种处理方式，其一是降低不确定因素本身的不确定水平，尽可能消除或降低不确定量的变化范围，如改进工艺、使用高性能材料、提高精度、减小公差等；其二是降低不确定因素对产品性能的影响，或将其控制在一定范围内，使产品对不确定因素不敏感，性能稳定且可靠。由于第一种方式往往难以实现或代价较大，因此针对第二种方式，出现两类不确定性优化设计方法。

(1) 稳健优化设计(robust design optimization，RDO)。RDO 旨在提高产品的稳健性，降低性能对设计参数变化的敏感度，以保持性能的稳定性。

(2) 基于可靠性的优化设计(reliability-based design optimization，RBDO)。RBDO 旨在提高产品的可靠性，降低极端条件下性能失效的可能性，使系统保持正常状态。

1.4.1 稳健优化设计

RDO 最先由 Taguchi 创立。他开发了田口方法来提高产品的质量，并使产品性能对超出设计者控制范围的变量变化不敏感。如图 1-3 所示，点 1 为确定性优化的最优点，点 2 为稳健优化的最优点。如果不考虑不确定因素的影响，那么点 1 目标函数值最小，为目标函数的最优解。当设计变量 x 在 $\pm\Delta x$ 范围内波动时，目标函数在点 1 的波动变化量 ΔF_1 超出约束条件，导致产品不合格。目标函数在点 2 处波动变化量 ΔF_2 明显小于 ΔF_1，并且所有目标响应均在约束条件内。由此看来，稳健优化解是更为稳定的最优解。

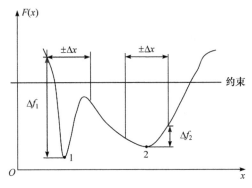

图 1-3 最优解和稳健优化解示意图

RDO 既要对目标性能进行优化，又要降低其对不确定性的敏感度，因此在随机不确定性影响下，其典型的度量指标为目标函数响应值的均值和标准差，即

$$\min \mu(F) \quad \text{or/and} \quad \sigma(F)$$
$$\text{s.t.} \quad g_i \leqslant 0, \quad i = 1, 2, \cdots, n$$
$$h_j = 0, \quad j = 1, 2, \cdots, m$$

其中，$\mu(F)$ 和 $\sigma(F)$ 为目标函数的均值和标准差；g_i 为第 i 个不等式约束；h_j 为第 j 个等式约束。

RDO 在机械、车辆工程、航空航天等领域的研究较为深入。张代胜等[109]

应用田口方法,以信噪比作为评价指标,对悬置系统进行稳健优化。王婷[110]以车辆平稳性和稳定性指标为对象,对比分析了田口方法和质量工程6sigma 方法,发现 6sigma 方法的均值和均方差更小,最后利用 6sigma 方法构建车辆运行平稳性和稳定性的多目标优化模型。孙光永等[111]将 6sigma理念与响应面法结合,构造了多目标 RDO 方法,分别应用到汽车碰撞和板料成形优化设计中以提高其稳健性。刘玉琳等[112]针对不确定信息较少的情况,结合区间分析方法,以区间中心和半径最小为目标构造非概率稳健优化模型,减少废品率。

1.4.2　基于可靠性的优化设计

RBDO 的核心是处理不确定性对约束的影响。其概率形式约束下的数学表达式为

$$\min F$$
$$\text{s.t.} \quad P(g_i \leqslant 0) \geqslant r, \quad i = 1, 2, \cdots, n$$
$$\mu(h_j) = 0, \quad j = 1, 2, \cdots, m$$

其中, $P(g_i \leqslant 0)$ 为第 i 个约束小于等于 0 的概率; r 为第 i 个约束要达到的可靠度; $\mu(h_j)$ 为第 j 个等式约束的均值。

RBDO 的基本问题体现在两个方面,即求解精度和效率的问题。祁武超等[113]在双层嵌套的内层优化中根据不确定量的敏感程度,用基于泰勒展开的区间分析方法代替优化过程,可以避免双层嵌套优化,极大地降低优化过程中的计算量。李少宏[114]通过响应面函数梯度得到方位向量,将原坐标系按方位向量的旋转矩阵旋转,在新坐标系下用新样本点逼近极限状态函数。算例表明,该方法相对传统响应面法可以提高计算精度、降低计算次数。王敏容[95]根据非概率可靠性指标的几何意义,将内层优化中非概率可靠性指标的求解转换为寻找功能函数最小值,提高优化效率。苏海亮[115]将改进的下山单纯形算法与响应面可靠性分析相结合,重建响应面近似模型,通过实例分析,改进后的全局优化算法计算精度高、收敛能力好。

1.4.3 基于可靠性的稳健优化设计

RDO 主要关注分布均值附近的事件，即正常状态周围的小波动，是追求系统性能稳定性、降低不确定性对系统性能影响的优化设计。RBDO 关注的事件集中在尾部(极端事件)，设计变量和参数的不确定性对于约束的影响，即约束的失效概率是考虑的重点。将这两种不确定性方法组合在一起，可同时在稳健性和可靠性方面寻求系统的改进，即基于可靠性的稳健优化设计(reliability-based robust design optimization，RBRDO)。该方法同时考虑不确定量对优化目标和约束的影响，其数学表达式如下，即

$$\min \mu(F) \quad \text{or/and} \quad \sigma(F)$$
$$\text{s.t.} \quad P(g_i \leqslant 0) \geqslant r, \quad i = 1, 2, \cdots, n$$
$$\mu(h_j) = 0, \quad j = 1, 2, \cdots, m$$

RBRDO 是高质量、高精度设计发展的必然趋势。王小琼[116]在传统机构运动学设计的基础上，以成本和系统运动精度(角度误差的标准差和均值)为目标，分别开展 RBDO、RDO，以及 RBRDO，通过可靠性稳健优化提高系统质量。周娜[117]将可靠性灵敏度理论与稳健设计方法相结合，研究齿轮传动的可靠性稳健设计问题。许乙川[118]以机床切削系统的参数范围为约束条件，以系统稳定性可靠度最大，各系统参数的灵敏度平方和最小为目标函数进行优化，优化后的系统可靠度提升，同时对系统参数的灵敏度降低，提高系统的可靠性与稳健性。廖泰健[119]以柔性铰链的许用可靠度为约束，铰链质量和可靠性灵敏度为目标函数进行 RBRDO，在可靠性满足要求的同时降低其对设计变量波动的抵抗能力。

1.5 船舶不确定性优化设计研究现状

船舶优化设计是船舶总体设计的核心环节，其相关研究往往基于简化的外界环境。设计过程中的一些重要的参数，如船舶的服务航速等，往往被假定为确定量。在船舶实际的运营中，这些参数的不确定性是不可避免的，如果仍将它们视为固定值，会导致设计误差。在船舶设计过程中，由

于不断迭代和相互耦合，这种误差会被逐渐放大，可能导致最终结果的稳健性和可靠性变差。因此，忽略不确定性的影响，可能会使船舶实际运营时存在隐患。这意味着，设计者需要在设计初期就充分考虑各类不确定性影响，保证后续优化设计得到的结果适应相关参数的变化。

目前，许多学者开展了船舶不确定性优化设计的相关研究。Vasconcellos 等[120]以亚马孙河流域的高速双体船为设计对象，考虑其在夜间或交通拥堵时的运营情况，以速度减小量和航行距离为不确定量，使用遗传算法对该双体船进行稳健优化，帮助设计者在设计初期选择变量。Hou 等[121]以水下潜器 DATCOM 为研究对象、阻力为优化目标、DATCOM 的尺度参数为不确定量，采用 6sigma 设计准则对 DATCOM 的性能进行评估，保证水下潜器在环境和尺度误差干扰下的可靠性。在此基础上，以船舶能效设计指标(energy efficiency design index，EEDI)为优化目标，考虑不确定量影响下的可靠性设计要求，应用 6sigma 准则对一艘大载货量的散货船进行型线优化设计。与传统的确定性优化相比，在环境干扰下的可靠性优化设计结果表现出了较好的适应性[122]。Papanikolaou 在静水和代表性天气下，考虑油轮整个运营生命周期中不确定性对多个学科(阻力、耐波、推进、经济等)的影响，降低运营的风险，为潜在的投资者做出决策提供帮助。Claus 等提出一种能够逐渐缩小不确定性设计空间，进而增大设计者灵活性的方法，即以设计空间的复杂度和损失作为衡量指标，提出双层嵌套优化方法，帮助设计者在设计初期能够得到更多缩减空间的信息。

除此之外，Diez 等[123]在船舶不确定性优化设计方面的研究一直处于国际领先地位。Diez 最初的研究主要围绕船舶 RDO。首先，考虑概率参数的随机性，基于多学科设计优化方法对航行器的全生命周期成本进行研究，将经济相关参数视为不确定量，对航行器进行稳健优化。然后，以目标函数的均值和方差为目标，采用粒子群优化(particle swarm optimization，PSO)算法对一艘散货船的优化设计方案进行稳健优化[124]。在此基础上，提出一种考虑不确定性的两阶段船舶优化设计方法，以总成本函数的数学期望为优化目标对设计方案进行评估[125]。此后，Diez 等[126]对该方法在这两个领域的应用进行了系统地总结，通过 RDO 理念帮助设计者在设计初期进行决策。之后，Diez 等[127]又将该方法的应用对象拓展到一艘赛艇龙骨鳍的多学科 RDO。与传统的 MDO 结果相比，RDO 方案对外界干扰的灵敏度较小。随后，Diez 等[128]又提出一种基于代理模型的稳健优化方法，在保证参数精度的同时，提高多学科 RDO 的效率，并将其应用在 DTMB5415 标模的静水阻力优化中。

此外，Diez 等[129]还将可靠性优化设计方法应用到船舶领域。首先，将 PSO 算法应用到一艘高速双体船的 RBRDO 中，考虑随机海况下船舶阻力和操纵性的性能表现。然后，考虑不确定性影响下船舶的水动力响应[130]，通过自适应代理模型，以及基于 KL(Karhunen-Loeve)展开法的空间缩减，对北太平洋上的一艘双体船进行随机海况和速度下的多目标随机优化、固定海况和速度下的多目标随机优化、单规则波固定速度下的确定性优化、静水固定速度下的单目标优化[131]。对比优化结果发现，第一种优化效果最好，第三种优化最经济。除此之外，Diez 等[132]还以减少船舶波浪对海岸线的冲击为目标对一艘单体船的型线进行了优化。

除上述研究，在船舶不确定性建模方面，国内外的研究还处于起步阶段。Papanikolaou 等[133]考虑船舶在波浪中引起的响应和载荷不确定性对船舶安全和高效运营的影响，通过交叉谱组合法对船舶多种水动力响应进行建模，提出一种利用已有的数值模型处理大量数据和随机载荷的高效体系，帮助设计者在设计过程中合理地做出假设并验证决策。考虑 4 种不同形式的不确定量及其在区间稳健优化中的应用，Hou 等[134]以 Wigley 标准船模为研究对象，以整个航线船舶的 EEOI 为优化目标，验证这种方法的可行性和优越性。Brefort 等研究了认知不确定性在船舶设计中的影响，考虑 3 种不同来源的认知不确定性并通过模糊理论在船舶初始设计阶段对其进行建模，直接将专家知识嵌入多学科优化中，以阻力和耐波性为优化目标对水面滑行艇进行尺度优化。对 Pareto 前沿的分析表明，在优化结果对不确定量灵敏度影响较小的前提下，该方法能够较好地平衡两个学科之间的冲突[135]。Diez 等[136]通过贝叶斯方法对认知不确定性进行量化，用 PDF

对随机不确定性建模，以耐波性为优化目标，对一艘集装箱船的型线同时进行稳健和可靠性优化设计。Peri[137]通过对 5 艘姊妹船进行长达 2 个月的数据采集，获得了大量的运营数据，推导得到不确定量——排水量和速度的概率分布，在对概率分布略微修正后进行不确定性优化，以提高船型优化的效果，从而减少船舶运营成本。类似地，Claus 等[138]通过对 15 艘货船的船队长达 18 个月的观察，根据这些数据对不确定变量进行建模，同时基于 CAESES 的计算机辅助工程(computer aided engineering，CAE)平台并结合计算流体动力学(computational fluid dynamics，CFD)软件，对一个全生命周期下的船舶进行方案评估。结果证明，考虑全生命周期、供应链和实际运营下的不确定性，可以显著地减小货运费率和 EEOI。

不确定性分析方面的相关研究也较少。Klasen[139]和 Good[140]先后采用基于均值方法的成功信度(confidence of success，COS)进行不确定性分析传递，将其应用于舰船装备概念方案的优化。该研究考虑不确定性仅仅是为了给设计者提供一个选择 Pareto 前沿的依据，对于不确定性的处理还处于一个比较粗浅的阶段。Vlahopoulos 等[141-144]将不确定性引入船舶多学科设计中，利用并行网络同时进行稳健和可靠性优化设计，优化目标为响应的均值和标准差，将约束转化为要求可靠度下的概率约束，并将其应用在散货船的优化设计中。Diez 等[145]也对不确定性分析的相关问题进行了探讨，首先提出一种积分形式的不确定分析传递方法，对多种稳健优化形式进行对比，并通过一艘散货船的稳健优化算例验证该方法的优越性。接着，考虑一艘高速双体船在静水中的阻力、升沉、纵倾问题[146,147]，通过 KL 展开法对设计空间进行缩减，考虑几何尺度和 Fr 的不确定性，分别采用 MC 法和高斯插值法进行不确定性分析，对响应的均值、方差、PDF 和累积密度函数(cumulative density function，CDF)进行预报。结果表明，高斯插值法可以高效地完成上述工作，MC 法与近似模型结合可以在较小成本代价下直接给出响应的置信区间和分布。之后，Stern 等[148]又针对船舶水动力的不确定分析传递问题进行讨论，考虑随机雷诺数固定攻角下 NACA0012 翼的升力和阻力，以及双体船在静水/波浪中阻力下的不确定分析传递问题，比较 MC 法、MC 结合近似模型法、积分法等 3 种不确定分析传递方法的优劣。Diez 等[149]通过实验验证了上述方法的准确性和可靠性[149]。之后，考虑赛艇龙骨鳍的水弹性力学问题，Diez 等[150]提出一套多学科稳健优化框架，用可变耦合程度的多学科分析结合 MC 法进行不确定分析传递，同时采取试验设计、样条代理模型和改进的 PSO 算法解决框架计算效率问题。

1.6　船舶不确定性优化设计存在的问题

不确定性优化设计的研究重点是不确定性建模和不确定性分析传递。在航天、航空、汽车等领域，其研究已经进入了一个相当成熟的阶段。对于不确定量的建模，采用的方法也已经从传统的概率法向概率和非概率法混合建模过度；对于不确定性的分析和传递，由于设计者对稳健性和可靠性的迫切需求，不确定性分析传递方法得到迅速的发展，并在工业中被广泛研究和应用。

近年来，在船舶领域，不确定性优化设计的思想也逐渐在设计过程中有所体现。然而，目前的船舶不确定性优化设计还处在初步的应用阶段，对不确定性优化本身存在的特性问题研究得较少。具体来说，船舶不确定性优化设计主要存在以下问题。

1) 缺乏对不确定性因素的分类方法研究

目前设计者对不确定性因素的特性缺乏深入分析，对船舶整个生命周期中存在的不确定性因素都归结为强统计变量，并没有对不确定性因素准确地进行分类，从而导致后续建模和分析传递方法的选择缺少科学依据。

2) 随机不确定性分析传递方法耗时

对于随机不确定性下的分析和传递，大部分船舶设计者仍使用耗时的 MC 法。然而，船舶不确定性优化设计常需要进行大量的不确定性分析和模拟仿真计算，导致计算成本大幅增加。这加剧了 MC 法的使用困难。

3) 认知不确定建模方法不够准确合理

由于对不确定量缺乏分类研究，常导致后续无法选择合适的建模方法。目前，大多数研究对认知不确定性仍然采用传统的概率法进行建模。由于信息的缺失，对变量的分布类型及其相应参数都做了一定程度上的近似假设，很难从实际中获得变量的精确概率密度分布，因此采用概率法进行认知不确定性建模不够准确合理。

4) 缺乏随机和认知混合不确定性下的分析传递方法

与不确定性建模类似，基于概率法的随机不确定性分析传递方法历史悠久，具有完备的数学理论，在工程中应用广泛；基于非概率法的认知不确定性分析传递基础较为薄弱，综合考虑两种不确定性的方法更是少之又少。如何将随机和认知两种不确定性在统一框架下进行不确定性分析是研究的关键。

综上所述，随机不确定性理论对认知不确定性，以及随机和认知并存下的不确定性优化问题不能有效地予以解决，迫切需要能处理该类优化问题的新理论、新方法。因此，需要综合考虑随机和认知不确定性的影响，建立考虑多源不确定性下的船舶优化设计数学模型，对不确定性的建模和分析传递进行系统的理论研究和数值分析，为随机和认知不确定性下的船舶优化设计提供可靠的依据和有效的计算方法，丰富和完善现有不确定性下的船舶优化设计理论框架。

参 考 文 献

[1] 冯伟, 刘保国, 丁浩, 等. 非参数不确定动力学建模研究综述. 振动与冲击, 2020, 39(5): 1-9.

[2] 王宇. 基于不确定性的优化方法及其在飞机设计中的应用. 南京: 南京航空航天大学, 2010.

[3] 方兰. 基于仿射算法的不确定性结构区间非概率可靠性分析. 西安: 西安电子科技大学, 2014.

[4] De Laurentis D A, Mavris D N. Uncertainty modeling and management in multidisciplinary analysis and synthesis//The 38th Aerospace Sciences Meeting and Exhibit, Reno, 2000: 422.

[5] Walton M A. Managing uncertainty in space systems conceptual design using portfolio theory. Boston: Massachusetts Institute of Technology, 2002.

[6] Batill S M, Renaud J E, Gu X. Modeling and simulation uncertainty in multidisciplinary design optimization//The 8th AIAA/USAF/NASA/ISSMO Symposium on Multidisciplinary Analysis and

Optimization, Long Beach, 2000: 4803.

[7] Du X, Chen W. A methodology for managing the effect of uncertainty in simulation-based design. AIAA Journal, 2000, 38(8): 1471-1478.

[8] De Weck O, Claudia E, Clarkson J. A classification of uncertainty for early product and system design//International Conference on Engineering Design, Paris, 2007: 480.

[9] Uebelhart S A, Millery D W, Blaurock C. Uncertainty characterization in integrated modeling//The 46th AIAA/ASME/ASCE/AHS/ASC Structures, Structural Dynamics & Materials, Austin, 2005: 2142.

[10] McKay M D, Morrison J D, Upton S C. Evaluating prediction uncertainty in simulation models. Computer Physics Communications 1999, 117(1-2): 44-51.

[11] Oberkampf W L, Deland S M, Rutherford B M. Estimation for total uncertainty in modeling and simulation. Sandia: Sandia National Laboratories, 2000.

[12] Oberkampf W L, Helton J C, Sentz K. Mathematical representation of uncertainty//Non Deterministic Approaches Forum, Seattle, 2001:1645.

[13] Klir G J. Uncertainty and information measures for imprecise probabilities: An overview//The 1st International Symposium on Imprecise Probabilities and Their Applications, Ghent, 1999: 2691.

[14] Walley P. Towards a unified theory of imprecise probability. International Journal of Approximate Reasoning, 2000, 24(2-3): 125-148.

[15] Haimes Y Y, Barry T, Lambert J H. When and how can you specify a probability distribution when you don't know much. Risk Analysis, 1994, 14(5): 661-706.

[16] Hattisl D, Burmaste D E. Assessment of variability and uncertainty distributions for practical risk analyses. Risk Analysis, 1994, 14(5): 713-730.

[17] Rice J A. Mathematical Statistics and Data Analysis. 3rd ed. California: Duxbury Press, 2006.

[18] Marhadi K, Venkataraman S, Pai S S. Quantifying uncertainty in statistical distribution of small sample data using Bayesian inference of unbounded Johnson distribution//The 49th AIAA/ ASME/ASCE/AHS/ASC Structures, Structural Dynamics, and Materials Conference, Schaumburg, 2008: 1810.

[19] 姚东林. 小子样系统可靠性方法研究. 沈阳: 沈阳航空航天大学, 2011.

[20] 姜潮. 基于区间的不确定性优化理论与算法. 长沙: 湖南大学, 2008.

[21] 乔心州. 不确定结构可靠性分析与优化设计研究. 西安: 西安电子科技大学, 2009.

[22] 靳红玲. 不确定性结构的动力学分析. 西安: 西安电子科技大学, 2015.

[23] Ben-Haim Y, Elishakoff I. Convex Models of Uncertainty in Applied Mechanics. Amsterdam: Elsevier, 1990.

[24] 毕仁贵. 考虑相关性的不确定凸集模型与非概率可靠性分析方法. 长沙: 湖南大学, 2015.

[25] 王攀, 臧朝平. 改进的平行六面体凸模型识别动力学不确定参数区间的方法. 振动工程学报, 2019, 32(1): 97-106.

[26] 谢凌. 基于多边凸集模型的结构不确定性分析方法研究. 长沙: 湖南大学, 2018.

[27] Zadeh L A. Fuzzy sets as a basis for a theory of possibility. Fuzzy Sets and Systems, 1978, 1(1): 3-28.

[28] Zadeh L A. Fuzzy sets. Information and Control, 1965, 8(3): 338-353.

[29] Maglaras G, Nikolaidis E, Haftka R T, et al. Analytical-experimental comparison of probabilistic methods and fuzzy set based methods for designing under uncertainty. Structural and Multidisciplinary Optimization, 1997, 13(2-3): 69-80.

[30] Nikolaidis E, Chen S, Cudney H, et al. Comparison of probability and possibility for esign against catastrophic failure under uncertainty. Journal of Mechanical Design, 2004, 126(3): 386-394.

[31] Braibant V, Oudshoorn A, Boyer C, et al. Non-deterministic possibilistic approaches for structural analysis and optimal design. AIAA Journal, 1999, 37(10): 1298-1303.

[32] He L, Huang H, Du L, et al. A review of possibilistic approaches to reliability analysis and optimization in engineering design//Jacko J. Human-Computer Interaction, Part IV. New York: Springer-Verlag, 2007:1075-1084.

[33] Langley R S. Unified approach to probabilistic and possibilistic analysis of uncertain systems. Journal of Engineering Mechanics, 2000, 126(11): 1163-1172.

[34] Shin Y, Wu Y. A hybrid possibilistic-probabilistic analysis framework for uncertainty management//The 44th AIAA/ASME/ASCE/AHS Structures, Structural Dynamics, and Materials, Norfolk, 2003: 1573.

[35] Du L, Choi K K, Youn B D, et al. Possibility-based design optimization method for design problems with both statistical and fuzzy input data//The 6th World Congresses of Structural and Multidisciplinary Optimization, Rio de Janeiro, 2005: 216-237.

[36] Wiener N. The homogeneous chaos. American Journal of Mathematics, 1938, 60(4): 897-936.

[37] Eldred M S, Burkardt J. Comparison of non-intrusive polynomial chaos and stochastic collocation methods for uncertainty quantification//The 47th AIAA Aerospace Sciences Meeting Including The New Horizons Forum and Aerospace Exposition, Orlando, 2009: 128-139.

[38] Eldred M S. Recent advances in non-intrusive polynomial chaos and stochastic collocation methods for uncertainty analysis and design//The 50th AIAA/ASME/ASCE/AHS/ASC Structures, Structural Dynamics, and Materials Conference, Palm Springs, 2009: 2274.

[39] Helton J C, Johnson J D, Sallaberry C J, et al. Survey of sampling-based methods for uncertainty and sensitivity analysis. Sandia: Sandia National Laboratories, 2006.

[40] Landau D P, Binder K. A Guide to Monte Carlo Simulations in Statistical Physics. 2nd ed. New York: Cambrige University Press, 2005.

[41] Christian R, George C. Monte Carlo Statistical Methods. 2nd ed. London: Springer, 2004.

[42] Ang G L, Tang W H. Optimal importance-sampling density estimator. Journal of Engineering Mechanics, 1992, 118(6): 1146-1163.

[43] Hinrichs A. Optimal importance sampling for the approximation of integrals. Journal of Complexity, 2010, 26(2): 125-134.

[44] Cao Y, Hussaini M Y, Zang T A. On the exploitation of sensitivity derivatives for improving sampling methods//The 44th AIAA Structures, Structural Dynamics and Mechanics Conference, Norfolk, 2003: 1656.

[45] Augustin F, Gilg A, Paffrath M, et al. Polynomial chaos for the approximation of uncertainties: Chances and limits. European Journal of Applied Mathematics, 2008, 19: 149-190.

[46] Oladyshkin S, Class H, Helmig R, et al. An integrative approach to robust design and probabilistic

risk assessment for CO_2 storage in geological formations. Computational Geosciences, 2011, 15(3): 565-577.

[47] Buzzard G T. Global sensitivity analysis using sparse grid interpolation and polynomial chaos. Reliability Engineering & System Safety, 2012, 107: 82-89.

[48] Sandoval E H, Anstett-Collin F, Basset M. Sensitivity study of dynamic systems using polynomial chaos. Reliability Engineering & System Safety, 2012, 104: 15-26.

[49] Sudret B. Global sensitivity analysis using polynomial chaos expansions. Reliability Engineering & System Safety, 2008, 93(7): 964-979.

[50] Oladyshkin S, De Barros F P J, Nowak W. Global sensitivity analysis: A flexible and efficient framework with an example from stochastic hydrogeology. Advances in Water Resources, 2012, 37: 10-22.

[51] Ghanem R G, Spanos P D. Stochastic Finite Elements: A Spectral Approach. New York: Courier, 2003.

[52] Ghanem R G, Spanos P D. A stochastic Galerkin expansion for nonlinear random vibration analysis. Probabilistic Engineering Mechanics, 1993, 8(3-4): 255-264.

[53] Xiu D, Karniadakis G E. Modeling uncertainty in flow simulations via generalized polynomial chaos. Journal of Computational Physics, 2003, 187(1): 137-167.

[54] Keese A, Matthies H G. Sparse quadrature as an alternative to Monte Carlo for stochastic finite element techniques//Proceedings in Applied Mathematics and Mechanics, Berlin, 2003: 493-494.

[55] Isukapalli S S, Roy A, Georgopoulos P G. Stochastic response surface methods (SRSMs) for uncertainty propagation: Application to environmental and biological systems. Risk Analysis, 1998, 18(3): 351-363.

[56] Li H, Zhang D. Probabilistic collocation method for flow in porous media: Comparisons with other stochastic methods. Water Resources Research, 2007, 43(9):97-109.

[57] Wackernagel H. Multivariate Geostatistics: An Introduction with Applications. Berlin: Springer, 2003.

[58] Ditlevsen O, Madsen H O. Structural Reliability Methods. New York: Wiley, 1996.

[59] Xiu D, Karniadakis G E. The Wiener-Askey polynomial chaos for stochastic differential equations. SIAM Journal on Scientific Computing, 2002, 24(2): 619-644.

[60] Ghanem R G, Spanos P D. Stochastic Finite Elements: A Spectral Approach. New York: Courier, 2003.

[61] Knio O M, Najm H N, Ghanem R G. A stochastic projection method for fluid flow: I. basic formulation. Journal of Computational Physics, 2001, 173(2): 481-511.

[62] Le Maitre O P, Reagan M T, Najm H N, et al. A stochastic projection method for fluid flow: II. Random process. Journal of Computational Physics, 2002, 181(1): 9-44.

[63] Xiu D, Karniadakis G E. The Wiener-Askey polynomial chaos for stochastic differential equations. SIAM Journal on Scientific Computing, 2002, 24(2): 619-644.

[64] Askey R, Wilson J. Some basic hypergeometric polynomials that generalize Jacobi polynomials Memoirs Amer. American Mathematical Society, 1985: 319.

[65] Wan X, Karniadakis G E. Multi-element generalized polynomial chaos for arbitrary probability

measures. SIAM Journal on Scientific Computing, 2006, 28(3): 901-928.

[66] Prempraneerach P, Hover F S, Triantafyllou M S, et al. Uncertainty quantification in simulations of power systems: Multi-element polynomial chaos methods. Reliability Engineering & System Safety, 2010, 95(6): 632-646.

[67] Wan X, Karniadakis G E. Error control in multi-element generalized polynomial chaos method for elliptic problems with random coefficients. Communications in Computational Physics, 2009, 5(2-4): 793-820.

[68] Breitung K. Asymptotic approximations for probability integrals. Probabilistic Engineering Mechanics, 1989, 4(4): 187-190.

[69] Song B F. A numerical integration method for computing structural system reliability. Computers & Structures, 1990, 36(1): 65-70.

[70] Sakamoto J, Mori Y, Sekioka T. Probability analysis method using fast Fourier transform and its application. Structural Safety, 1997, 19(1): 21-36.

[71] Penmetsa R C, Grandhi R V. Adaptation of fast Fourier transformations to estimate structural failure probability. Finite Elements in Analysis and Design, 2003, 39(5-6): 473-485.

[72] Chen X, Lind N C. Fast probability integration by three-parameter normal tail approximation. Structural Safety, 1982, 1(4): 269-276.

[73] Kim N H, Ramu P. Tail modeling in reliability-based design optimization for highly safe structural systems//The 47th AIAA/ASME/ASCE/AHS/ASC Structures, Structural Dynamics, and Materials Conference, Newport, 2006: 1825.

[74] Acar E, Rais-Rohani M, Eamon C D. Reliability estimation using dimension reduction and extended generalized lambda distribution//The 49th AIAA/ASME/ASCE/AHS/ASC Structures, Structural Dynamics, and Materials Conference, Schaumburg, 2008: 1893.

[75] Rahman S, Xu H. A univariate dimension-reduction method for multi-dimensional integration in stochastic mechanics. Probabilistic Engineering Mechanics, 2004, 19(4): 393-408.

[76] Youn B D, Zhimin X, Wells L, et al. Enhanced dimension-reduction (eDR) method for reliabilitybased robust design optimization//The 11th AIAA/ISSMO Multidisciplinary Analysis and Optimization Conference, Portsmouth, 2006: 6977.

[77] Rackwitz R. Reliability analysis: A review and some perspectives. Structural Safety, 2001, 23: 365-395.

[78] Hohenbichler M, Gollwitzer S, Kruse W, et al. New light on first- and second- order reliability methods. Structual Safety, 1987, 4(4): 267-284.

[79] Zhao Y, Ono T. A general procedure for first/second-order reliability method(FORM/SORM). Structural Safety, 1999, 21(2): 95-112.

[80] Grandhi R V, Wang L. Higher-order failure probability calculation using nonlinear approximations. Computer Methods in Applied Mechanics and Engineering, 1999, 168(1-4): 185-206.

[81] Zhao Y, Ono T, Kato M. Second-order third-moment reliability method. Journal of Structural Engineering, 2002, 128(8): 1087-1090.

[82] Zhao Y, Ono T. Moment methods for structural reliability. Structural Safety, 2001, 23(1): 47-75.

[83] Du X, Chen W. A most probable point based method for uncertainty analysis//Proceedings of

DETC'00, ASME 2000 Design Engineering Technical Conferences and Computers and Information in Engineering Conference, Baltimore, 2000: 14263.

[84] Elishakoff I, Hasofer A M. Exact versus approximate determination of structural reliability. Applied Scientific Research, 1987, 44(3): 303-312.

[85] Breitung K. Asymptotic approximations for multinormal integrals. Journal of Engineering Mechanics, 1984, 110(3): 357-366.

[86] Ditlevsen O. Generalized second moment reliability index. Structures and Machines, 1979, 7(4): 435- 451.

[87] Engelund S, Rackwit R. A benchmark study on importance sampling techniques in structural reliability. Structural Safety, 1993, 12(4): 255-276.

[88] Bucher C G. Adaptive sampling: An iterative fast Monte Carlo method. Structural Safety, 1988, 5(2): 119-126.

[89] Au S, Beck J L. Estimation of small failure probabilities in high dimensions by subset simulation. Probabilistic Engineering Mechanics, 2001, 16(4): 263-277.

[90] Koutsourelakis P S, Pradlwarter H J, Schuëller G I. Reliability of structures in high dimensions, part I: Algorithms and applications. Probabilistic Engineering Mechanics, 2004, 19(4): 409-417.

[91] Ditlevsen O, Melchers R E, Gluver H. General multi-dimensional probability integration by directional simulation. Computers and Structures, 1990, 36(2): 355-368.

[92] Rajashekhar M R, Ellingwood B R. A new look at the response surface approach for reliability analysis. Structural Safety, 1993, 12(3): 205-220.

[93] Ben-Haim Y. A non-probabilistic concept of reliability. Structural Safety, 1994, 14(4): 227-245.

[94] 郭书祥, 吕震宙, 冯元生. 基于区间分析的结构非概率可靠性模型. 计算力学学报, 2001, (1): 56-60.

[95] 王敏容. 基于区间模型的非概率结构可靠性分析及优化设计. 武汉: 华中科技大学, 2019.

[96] 江涛. 结构系统非概率可靠性算法研究. 西安: 西安电子科技大学, 2006.

[97] Beale E M L. On minizing a convex function subject to linear inequalities. Journal of the Royal Statistical Society Series B (Methodological), 1955, 17(2): 173-184.

[98] Stougie L. Design and analysis of methods for stochastic integer programming. Amsterdam: University of Amsterdam, 1985.

[99] Hené T S, Dua V, Pistikopoulos E N. A hybrid parametric/stochastic programming approach for mixedinteger nonlinear problems under uncertainty. Industrial and Engineering Chemistry Research, 2002, 41(1): 67-77.

[100] Bastin F. Nonlinear stochastic programming. Namur: University of Namur, 2001.

[101] Bastin F. Trust-region algorithms for nonlinear stochastic programming and mixed logit models. Namur: University of Namur, 2004.

[102] Mulvey J M, Vanderbei R J, Zenios S A. Robust optimization of large-scale systems. Operations Research, 1995, 43(2): 264-281.

[103] Chen X, Sim M, Sun P. A robust optimization perspective on stochastic programming. Operations Research, 2007, 55(6): 1058-1071.

[104] Zhang Y, Monder D, Forbes J F. Real-time optimization under parametric uncertainty: A

probability constrained approach. Journal of Process Control, 2002, 12(3): 373-389.

[105] Kadam J V, Schlegel M, Srinivasan B, et al. Dynamic optimization in the presence of uncertainty from off-line nominal solution to measurement-based implementation. Journal of Process Control, 2007, 17(5): 389-398.

[106] Ruszczynski A, Shapiro A. Handbooks in Operations Research and Management Science: Stochastic Programming. Amsterdam: Elsevier, 2003.

[107] Kall P, Wallace S W. Stochastic programming. Chichester: John Wiley and Sons, 1994.

[108] Delgado M, Verdegay J L, Vila M A. A general model for fuzzy linear programming. Fuzzy Sets and Systems, 1989, 29(1): 21-29.

[109] 张代胜, 张旭, 王浩, 等. 基于 Taguchi 方法的动力总成悬置系统稳健优化. 汽车工程, 2014, 36(4): 7.

[110] 王婷. 高速客车轴箱悬挂参数稳健优化设计. 长沙: 中南大学, 2014.

[111] 孙光永, 李光耀, 闫晓磊, 等. 多目标稳健优化设计方法在车身设计制造中的应用研究. 固体力学学报, 2011, 32(2): 186-196.

[112] 刘玉琳, 陈文亮, 鲍益东, 等. 基于区间分析的多边形坯料形状非概率稳健优化. 机械工程学报, 2014, 50(10): 7.

[113] 祁武超, 邱志平. 基于区间分析的结构非概率可靠性优化设计. 中国科学: 物理学 力学 天文学, 2013, 43(1): 85-93.

[114] 李少宏. 混合不确定性参数的结构可靠性问题研究. 西安: 西安电子科技大学, 2014.

[115] 苏海亮. 不确定条件下可靠性方法研究及其在汽车结构设计中的应用. 广州: 华南理工大学, 2020.

[116] 王小琼. 弹性机构系统可靠性分析与稳健优化设计. 沈阳: 东北大学, 2014.

[117] 周娜. 多失效模式齿轮传动的可靠性稳健设计理论研究. 沈阳: 东北大学, 2012.

[118] 许乙川. 切削加工系统颤振稳定性分析与可靠性稳健优化设计. 沈阳: 东北大学, 2015.

[119] 廖泰健. 面向柔顺机构的结构可靠性灵敏度及可靠性稳健设计. 南昌: 江西理工大学, 2018.

[120] Vasconcellos J M, Moraes H B. Multi objective optimization under uncertainty for catamaran preliminary design//The 11th International Conference on Fast Sea Transportation, Hawaii, 2011: 572-578.

[121] Hou Y H, Xiao L, Xu Y M. AUV hull lines optimization with uncertainty parameters based on six sigma reliability design. International Journal of Naval Architecture and Ocean Engineering, 2018, 10(4): 499-507.

[122] Hou Y H, Liang X, Mu X Y. Hull lines reliability-based optimisation design for minimum eedi. Brodogradnja, 2018, 69(2): 17-33.

[123] Diez M, Iemma U. Robust optimization of aircraft life-cycle costs including the cost of community noise//The 13th AIAA/CEAS Aeroacoustics Conference, Roma, 2007: 3668.

[124] Diez M, Peri D. Global optimization algorithms for robust optimization in naval design// International Conference on Computer Applications and Information Technology in the Maritime Industries, Compit, 2009: 128.

[125] Diez M, Peri D. Two-stage stochastic programming formulation for ship design optimisation

under uncertainty. Ship Technology Research, 2010, 57(3): 172-181.

[126] Diez M, Peri D, Campana E F, et al. Robust decision making in aerial and marine vehicles optimization: A designer's viewpoint. Enterprise Risk Management, 2010, 2(1): 68-86.

[127] Diez M, Peri D, Fasano G, et al. Hydroelastic optimization of a keel fin of a sailing boat: A multidisciplinary robust formulation for ship design. Structural & Multidisciplinary Optimization, 2012, 46(4): 613-625.

[128] Leotardi C, Campana E F, Diez M. Resistance reduction of a military ship by variable-accuracy metamodel-based multidisciplinary robust design optimization//Vi International Conference on Computational Methods for Coupled Problems in Science and Engineering, Venice, 2015: 952-963.

[129] Pellegrini R, Serani A, Diez M, et al. Multi-objective extensions of the deterministic particle swarm algorithm for RBRDO in ship design: A parametric study//Numercial Towing Tank Symposium, Marstrand, 2014: 28-30.

[130] Pellegrini R, Campana E F, Diez M, et al. Application of derivative-free multi-objective algorithms to reliability-based robust design optimization of a high-speed catamaran in real ocean environment. Engineering Optimization, Engineering Optimization IV, 2014, 15: 64.

[131] Diez M, Campana E F, Stern F. Development and evaluation of hull-form stochastic optimization methods for resistance and operability//FAST 2015, International Conference on FAST Sea Transportation, Washington D.C., 2015: 21.

[132] Peri D, Diez M. Robust design optimization of a monohull for wave wash minimization// International Conference on Computational Methods in Marine Engineering, Hamburg, 2013: 89-100.

[133] Papanikolaou A, Mohammed E A, Hirdaris S E. Stochastic uncertainty modelling for ship design loads and operational guidance. Ocean Engineering, 2014, 86(1): 47-57.

[134] Hou Y H. Hull form uncertainty optimization design for minimum EEOI with influence of different speed perturbation types. Ocean Engineering, 2017, 140: 66-72.

[135] Brefort D, Singer D J. Managing epistemic uncertainty in multi-disciplinary optimization of a planing craft//Marine Design XIII, New York, 2018: 255-265.

[136] Diez M, Peri D. Optimal hull-form design subject to epistemic uncertainty. Ship Technology Research, 2012, 59(1): 14-20.

[137] Peri D. Robust design optimization for the refit of a cargo ship using real seagoing data. Ocean Engineering, 2016, 123: 103-115.

[138] Claus L R, Collette M D. An Optimization Framework for Design Space Reduction in Early-Stage Design Under Uncertainty//New York: CRC Press, 2018.

[139] Klasen E. Confidence of success in multi-criteria optimization of multi-disciplinary ship design models. Blacksburg: Virginia Polytechnic Institute and State University, 2005.

[140] Good N A. Multi-Objective Design Optimization Considering Uncertainty in a Multi-Disciplinary Ship Synthesis Model. Blacksburg: Virginia Polytechnic Institute and State University, 2006.

[141] Vlahopoulos N, He J. Application of a multidiscipline design optimization approach for

designing the thermal protection system of an Apollo type vehicle under uncertainty. JANNAF Meeting, Orlando, 2008: 1341-1355.

[142] Shari H, Nickolas V. Introducing uncertainty in multidiscipline ship design. Naval Engineers Journal, 2010, 122(2): 41-52.

[143] Hannapel S, Vlahopoulos N. Robust and reliable multidiscipline ship design//AIAA/ISSMO Multidisciplinary Analysis Optimization Conference, Fort Worth, 2013: 341-357.

[144] Hannapel S E. Development of multidisciplinary design optimization algorithms for ship design under uncertainty. Ann Arbor: University of Michigan, 2012.

[145] Diez M, Peri D. Robust optimization for ship conceptual design. Ocean Engineering, 2010, 37(11): 966-977.

[146] Kandasamy M, Peri D, Tahara Y, et al. Simulation based design optimization of waterjet propelled Delft catamaran. International Shipbuilding Progress, 2013, 60: 219-227.

[147] Diez M, He W, Campana E F, et al. Uncertainty quantification of Delft catamaran resistance, sinkage and trim for variable Froude number and geometry using metamodels, quadrature and Karhunen-Loève expansion. Journal of Marine Science & Technology, 2014, 19(2): 143-169.

[148] Stern F, Volpi S, Gaul N J, et al. Development and assessment of uncertainty quantification methods for ship hydrodynamics//AIAA Aerospace Sciences Meeting, 2017: 1-9.

[149] Diez M, Broglia R, Durante D, et al. Validation of uncertainty quantification methods for high-fidelity CFD of ship response in irregular waves//AIAA Aerospace Sciences Meeting, Texas, 2017: 367-382.

[150] Leotradi C, Diez M, Serani A, et al. A framework for efficient simulation-based multidisciplinary robust design optimization with application to a keel fin of a racing sailboat//International Conference on Engineering and Applied Sciences Optimization, Athens, 2014: 734-757.

第2章　不确定性的分类

对不确定因素进行合理分类，是进行不确定性建模的基础。现有的研究一般将不确定因素归结为强统计变量，导致后续建模方法和计算结果产生一定的偏差。本章采取统计推断方法，将参数估计与拟合优度方法相结合，提出一种不确定性的分类方法，以求准确确定不确定因素所属的变量类型，为后续不确定性分析传递打下基础。

2.1　不确定性的种类

一般地，可以将随机不确定性和认知不确定性细分为 3 种不确定量，即强统计变量 X、稀疏变量 Y 和区间变量 Z。

1. 强统计变量 X

如果可以很容易地获得变量 X 的随机分布类型，或通过获得其大量的数据得到该变量准确的统计模型，则此时 X 为强统计变量，即

$$X \sim \vartheta(\xi) \tag{2-1}$$

其中，ϑ 表示确定的概率分布，如正态分布，均匀分布等；ξ 表示概率分布 ϑ 对应的分布参数，如果 ϑ 为正态分布，则 $\xi = [\xi_1, \xi_2]$，ξ_1 表示均值，ξ_2 表示标准差。

2. 稀疏变量 Y

如果对于该变量只能获取少量的点数据或区间数据，那么用单一分布的 PDF 难以很好地契合数据。因此，可通过使用多个分布的加权 PDF 之和表达稀疏变量 Y，即

$$Y \sim w_i \vartheta_i(\xi^i) \tag{2-2}$$

其中，w_i、ϑ_i、ξ^i表示第i个概率分布对应的权重、PDF、分布对应的参数。

3. 区间变量Z

当数据缺失到无法构建任意一种概率分布时，该变量为区间变量，可简单表达为

$$Z \in [\underline{z}, \overline{z}] \tag{2-3}$$

其中，$\underline{z}$和$\overline{z}$为区间变量的下限和上限。

在实际问题中，参数的实际数据可能来自多个完全不同的渠道。对待不同来源的不确定性数据，首先需要根据其传递的信息进行分类，将不确定性具体划分为上述3种不确定量，然后采取相应的数学工具对其进行建模和后续处理。

2.2　统计推断方法

目前，还没有成熟的方法对不确定性因素进行分类。本节提出采用统计推断方法解决这一问题。统计推断包括参数估计和假设检验两部分。前者基于假设对不确定因素的概率分布及其参数进行推断，后者对上述假设和推断进行检验。基于上述方法，将不确定因素具体划分为2.1节的3种不确定量，可为后续不确定性建模和不确定性分析打下基础。

2.2.1　参数估计

估计包括两种情况，一种是分布函数形式未知，另一种是已知分布函数形式但其对应分布参数未知。前者需要通过大量的样本构建经验分布函数来近似拟合真实分布函数，但是如此多的样本对于设计者来说是很难获得的。因此，常用的方法是假设变量满足某种分布形式，然后再基于样本对其对应的分布参数进行估计。常用的估计方法有MLE和贝叶斯估

计等。

1. MLE

假设随机变量 X 具有 PDF $f(x|\xi)$，ξ 为参数向量。对于 X，有独立的样本集 $x_i(i=1,2,\cdots,m)$，其似然函数为

$$L(\xi) = f(x_0|\xi)f(x_1|\xi)\cdots f(x_m|\xi) \tag{2-4}$$

由于概率连乘易造成下溢，通常使用对数似然，即

$$LL(\xi) = \ln L(\xi) = \sum_{i=0}^{m} \ln f(x_i|\xi) \tag{2-5}$$

当 $m \to \infty$ 时，几乎处处有

$$\frac{1}{m+1}\sum_{i=0}^{m} \ln f(x_i|\xi) \to E[\ln f(X|\xi)] \tag{2-6}$$

此处，E 表示 X 的分布的期望，即

$$E[\ln f(X|\xi)] = \int g(x)\ln f(x|\xi)\mathrm{d}x \tag{2-7}$$

其中，$g(x)$ 为真实的分布。

用 Kullback 信息量 $I[g;f(|\xi)]$ 描述原始分布概率与近似分布概率之间的对数差的期望，可以精确计算出近似分布损失了多少信息，即

$$I[g;f(|\xi)] = E[\ln g(X)] - E[\ln f(X|\xi)] = \int g(x)\ln\frac{g(x)}{f(x|\xi)}\mathrm{d}x \tag{2-8}$$

该值是非负的，且越小时近似分布与真实分布越接近。对于式(2-8)，仅当 $g(x)$ 与 $f(x|\xi)$ 一致时才等于 0。因此，就 $I[g;f(|\xi)]$ 而言，$E[\ln f(X|\xi)]$ 的极大化是求近似于 $g(x)$ 的 $f(x|\xi)$，也就是 MLE 的本质。直观上看，MLE 是在 ξ 的所有取值中，寻找一个能使数据(样本)出现的"可能性"最大的值。此时，ξ 的 MLE ξ^* 为

$$\xi^* = \arg\max LL(\xi) \tag{2-9}$$

在本书中，由于数据来源为点数据和区间数据的混合，因此 MLE 求

解的一般步骤与传统的方法略有不同，具体如下。

(1) 构建似然函数。

假设随机变量满足某种分布，但是分布的参数 ξ 未知，需要通过 m 个点数据 $x_i (i = 1, 2, \cdots, m)$ 确定。$f_x(x | \xi)$ 和 $F_x(x | \xi)$ 分别为 x 关于参数 ξ 的条件概率函数和累积函数。

对于似然函数 $L(\xi)$，它与概率正相关，然而对于任意离散点 x_i，其概率为 0。对于点数据，取区间 $x \in \left[x_i - \dfrac{\varepsilon}{2}, x_i + \dfrac{\varepsilon}{2} \right]$，当 ε 无穷小时，点数据的似然函数 $L(\xi)$ 为

$$L(\xi) \propto P\left(x \in \left[x_i - \frac{\varepsilon}{2}, x_i + \frac{\varepsilon}{2} \right] \middle| \xi \right) = \int_{x_i - \frac{\varepsilon}{2}}^{x_i + \frac{\varepsilon}{2}} f_x(x | \xi) \mathrm{d}x = \varepsilon f_x(x_i | \xi) \propto f_x(x_i | \xi)$$

$$(2\text{-}10)$$

因此，点数据的似然函数 $L(\xi)$ 和该点条件概率密度函数 $f_x(x_i | \xi)$ 正相关。对于多个点数据，假设它们相互独立，则

$$L(\xi) \propto \prod_{i=1}^{m} f_x(x_i | \xi) \tag{2-11}$$

同理，对于区间数据 $[a, b]$，其似然函数为

$$L(\xi) \propto P\left(x \in [a, b] | \xi \right) = \int_a^b f_x(x | \xi) \mathrm{d}x = F_x(b | \xi) - F_x(a | \xi) \quad (2\text{-}12)$$

对于多个区间数据 $[a_j, b_j]$ $(j = 1, 2, \cdots, n)$，假设它们相互独立，则

$$L(\xi) \propto \prod_{j=1}^{n} \left[F_x(b_j | \xi) - F_x(a_j | \xi) \right] \tag{2-13}$$

综上，若有关于 x 的 m 个点数据 $x_i (i = 1, 2, \cdots, m)$ 和 n 个区间数据 $[a_j, b_j]$ $(j = 1, 2, \cdots, n)$，且所有数据都相互独立，则

$$L(\xi) \propto \left[\prod_{i=1}^{m} f_x(x_i | \xi) \right] \left\{ \prod_{j=1}^{n} \left[F_x(b_j | \xi) - F_x(a_j | \xi) \right] \right\} \tag{2-14}$$

(2) 对似然函数取对数，再对参数求导，得到似然方程组。

对于参数向量 $\xi = [\xi_1, \xi_2, \cdots, \xi_n]$，有梯度算子，即

$$\nabla_\xi = \left[\frac{\partial}{\partial \xi_1}, \frac{\partial}{\partial \xi_2}, \cdots, \frac{\partial}{\partial \xi_n} \right]^{\mathrm{T}} \tag{2-15}$$

若似然函数连续可导，则似然方程组为

$$\nabla_\xi \mathrm{LL}(\xi) = \nabla_\xi \ln P(D \mid \xi) = \nabla_\xi \sum_{x \in D} \ln P(x \mid \xi) = 0 \tag{2-16}$$

(3) 求解似然方程组，得到 ξ^*。

本书选取 6 个常用的概率分布作为 MLE 待选的竞争分布(表 2-1)。6 个待选竞争分布的 MLE 推导见附录 A。

表 2-1　待选的竞争分布

分布类型	PDF	参数
ϑ_1：正态分布	$f(x) = \dfrac{1}{\sqrt{2\pi\sigma^2}} \exp\left[-\dfrac{(x-\mu)^2}{2\sigma^2} \right]$	μ σ
ϑ_2：均匀分布	$f(x) = \begin{cases} \dfrac{1}{b-a}, & a \leqslant x \leqslant b \\ 0, & x < a\ \text{或者}\ x > b \end{cases}$	a b
ϑ_3：指数分布	$f(x) = \begin{cases} \lambda \mathrm{e}^{-\lambda x}, & x > 0 \\ 0, & x \leqslant 0 \end{cases}$	λ
ϑ_4：韦伯分布	$f(x) = \dfrac{\beta}{\alpha} \left(\dfrac{x}{\alpha} \right)^{\beta-1} \exp\left[-\left(\dfrac{x}{\alpha} \right)^{\beta} \right]$	α β
ϑ_5：极值分布	$f(x) = \dfrac{1}{\sigma} \exp\left\{ -\dfrac{1}{\sigma}(x-\mu) - \exp\left[-\dfrac{1}{\sigma}(x-\mu) \right] \right\}$	μ σ
ϑ_6：对数正态分布	$f(x) = \begin{cases} \dfrac{1}{\sqrt{2\pi\sigma^2}\,x} \mathrm{e}^{-\frac{(\ln x - \mu)^2}{2\sigma^2}}, & x > 0 \\ 0, & x < 0 \end{cases}$	μ σ

2. 贝叶斯估计

贝叶斯论认为参数是未观察到的随机变量，其本身也可有分布，即

$$P(\xi \mid D) = \frac{P(\xi)P(D \mid \xi)}{P(D)} \tag{2-17}$$

其中，$P(\xi)$ 为参数的先验概率；$P(D|\xi)$ 为样本 D 相对于参数 ξ 条件概率，或称为似然；$P(D)$ 为归一化的证据因子。

对于参数的先验概率 $P(\xi)$，它表达了样本空间中各个参数样本出现的频率估计；对于参数 ξ 的条件概率为 $P(D|\xi)$，假设 $P(D|\xi)$ 具有确定的形式，并被参数向量 ξ 唯一确定，则利用训练集 $P(D|\xi)$ 估计参数 ξ，也就是 MLE。其中，$P(D)$ 为观察到的证据的概率，由全概率公式展开可得

$$P(D)=P(D\,|\,\xi)P(\xi) = \sum_{i=0}^{k} P(x_i\,|\,\xi)P(\xi) \tag{2-18}$$

$$\rho(D) = \int \rho(D\,|\,\xi)\rho(\xi)\mathrm{d}\xi \tag{2-19}$$

一般地，若不确定因素数据充足，满足强统计变量 X 的要求，则使用频率论的方法，用 MLE 去估计参数是可行的。当得到的数据有限时，数据由稀疏数据和粗糙的数据信息描述，即不确定因素为稀疏变量 Y 时，采用传统的 MLE 的单一概率分布估计是不可行的。

贝叶斯理论采用贝叶斯模型平均法求取 PDF。该方法通过对竞争的概率分布指定权重，用来比较两个或多个概率模型，其权重和分布参数通过已有数据估计得到。考虑 N 个竞争分布类型，该方法将输入变量 Y 概率分布 $f_y(y)$ 表达为竞争分布 PDF 的加权和。令 $f_y^k(y|\xi_k)$ 表示第 k 个竞争分布的 PDF，对于每一个 PDF，ξ_k 表示分布参数的向量，权重为 w_k。用贝叶斯模型平均法，Y 的 PDF 为

$$f_y(y|\xi,w) = \sum_{i=1}^{N} w_k f_y^k(y|\xi_k), \quad k=1,2,\cdots,N \tag{2-20}$$

其中，$\sum_{i=1}^{N} w_k = 1$。

用似然估计方法估计权重和分布参数，似然函数为

$$L(\xi,w) \propto \left[\prod_{i=1}^{m} f_y(y=y_i\,|\,\xi,w)\right]\left[\prod_{j=1}^{n}\int_{a_j}^{b_j} f_y(y_i\,|\,\xi,w)\mathrm{d}y\right] \tag{2-21}$$

因此，可通过 MLE 估计 ξ 和 w，通过贝叶斯推断确定 PDF 中的不确定性参数，通过贝叶斯模型平均法量化分布类型和分布参数的不确定性，并估计对某个分布类型的信任度(w 的均值)及其不确定性(w 的标准差)。这种方法的一个缺点是，在建立所有竞争分布的权重和分布参数的联合概率密度函数时，会无形中考虑本不存在的相互影响。同时，这种方法需要多维积分，计算复杂，尤其是当多个竞争分布同时出现。例如，有 5 个竞争分布，每个分布有 2 个参数，则其联合概率密度函数将包含 14 个变量(4 个权重和 10 个分布参数)，需要用 14 维积分估计分布类型和分布参数的不确定性。

2.2.2　假设检验

如 2.2.1 节所述，模型本身也具有模型形式的不确定性，尤其是概率模型，即不确定性满足的分布类型，是根据过去的经验、专家意见、实验数据等假定和拟合的。因此，有必要判断选定的概率模型是否可行。

为了评估假设的特定分布是否适合数据集，可以采取假设检验方法衡量统计模型的拟合优良性。拟合优度检验作为一种衡量经验频率分布与假定概率分布之间一致性的方法，通常被用来选择适当的概率分布。

对样本执行拟合优度检验，可以确定观察到的分布是否对应于特定的概率分布(如正态分布)，确定观察到的样本是否是从遵循特定概率分布的总体中提取，拟合检验中通常涉及如下假设，即

$$\begin{cases} 空假设H_0\text{：} F = F_0 \\ 备则假设H_1\text{：} F \neq F_0 \end{cases} \tag{2-22}$$

其中，F 为实际的分布函数；F_0 为假定的分布函数。

将经验分布与假定分布进行比较，如果经验分布与假设分布的距离不够近，则拒绝空假设。空假设是否被接受的标准取决于检验的方法类型。

通过上述步骤，拟合优度检验可以帮助判断观察的样本是否遵循此分布的类型。该方法包括图形方法和统计方法。统计方法包括 Pearson 卡方检验、

Kolmogorov-Smirnov 检验、Cramér-von-Mises 准则、Anderson-Darling 检验等，均通过比较假定概率分布和经验概率分布来判断拟合优度。下面重点介绍 Anderson-Darling 检验方法。

Pearson 卡方检验对样本序列数要求较高，且没有严格的区间划分准则。尽管 Kolmogorov-Smirnov 检验克服了卡方测试的区间划分问题，但是仍然依赖大量样本，并且当样本数量少时，其测试精度也不够理想。

Anderson-Darling 检验可以在很小的样本数下达到更高的检验精度，在小样本情况下被广泛使用。Anderson-Darling 检验通常用于检验数据样本是否来自正态分布，也可以测试假设分布是否满足样本数据。这种检验方法通过计算经验分布函数与假设分布函数的二次距离，对其与临界值(critical value，CV)进行比较，以决定是否接受该假设。

对于样本点 $x_i (i=1,2,\cdots,n)$，假设分布 $F(x)$ 与经验分布 $F_n(x)$ 之间的距离为

$$n\int_{-\infty}^{+\infty}\left[F_n(x)-F(x)\right]w(x)\mathrm{d}F(x) \tag{2-23}$$

其中，$w(x)$ 为权重函数；n 为样本点个数。

对于 Anderson-Darling 检验，其权重函数 $w(x)$ 为

$$w(x)=\left\{F(x)[1-F(x)]\right\}^{-1} \tag{2-24}$$

这是将更大的权重放在尾部分布的观测值上，使测试对异常值更加敏感，并更好地检测尾部分布的偏移。其具体公式如下，即

$$A_n^2 = \mathrm{AD} = -n-\sum_{i=1}^{n}\frac{2i-1}{n}[\ln(F(x_i))+\ln(1-F(x_{i+n-1}))] \tag{2-25}$$

此时，样本数据点为有序点 $x_1 < x_2 < \cdots < x_n$。

通过判断观察到的显著性水平(observation significance level，OSL)与 CV 之间的关系，可以决定拒绝或接受数据具有的假设分布。分布的 OSL 为

$$AD^* = AD\left(1 + \frac{4}{n} - \frac{25}{n^2}\right) \tag{2-26}$$

$$OSL = [1 + \exp(-0.48 + 0.78\ln AD^* + 4.58AD^*)]^{-1} \tag{2-27}$$

2.3　不确定性分类方法

假设变量满足强统计变量的 6 个常见待选分布和稀疏变量满足的 1 个混合分布。根据已知的变量数据，采用 MLE 对上述 7 种分布进行参数估计，得到分布的累积概率密度函数 $F(x)$。根据 $F(x)$，采用 Anderson-Darling 检验计算各个分布的 OSL，将 OSL 值与 CV 进行比较，确定不确定因素所属的变量类型，完成不确定性的分类。

对于不确定变量，已知其一组数据样本 $x_i(i=1,2,\cdots,n)$，其分类步骤 (图 2-1)如下。

步骤 1，假设该变量为强统计变量，令变量依次满足 6 种常见的竞争分布，采用 MLE 对其进行参数估计。假设该变量为稀疏变量，分布类型为竞争分布的加权和，采用贝叶斯平均模型对其表达。

步骤 2，分别求解 6 种竞争分布和 1 种加权平均竞争分布的累积密度函数 $F_i(x)(i=1,2,\cdots,7)$。

步骤 3，根据 Anderson-Darling 检验公式计算得到距离 AD，得到观察到的 OSL 值。选择 7 种分布中 OSL 的最大值，将其与 CV 比较。

(1) 若 OSL 最大值大于 CV，且对应的分布类型为单一的概率分布，则该变量为强统计变量，满足该概率分布。

(2) 若 OSL 最大值大于 CV，且对应的分布类型为竞争分布的加权和，则该变量为稀疏变量，满足该混合分布。

(3) 若 OSL 最大值小于 CV，则该变量为区间变量，其区间上下限满足

$$\underline{Z} = Z_{\min} - \psi\sigma_Z \tag{2-28}$$

$$\overline{Z} = Z_{\max} + \psi\sigma_Z \tag{2-29}$$

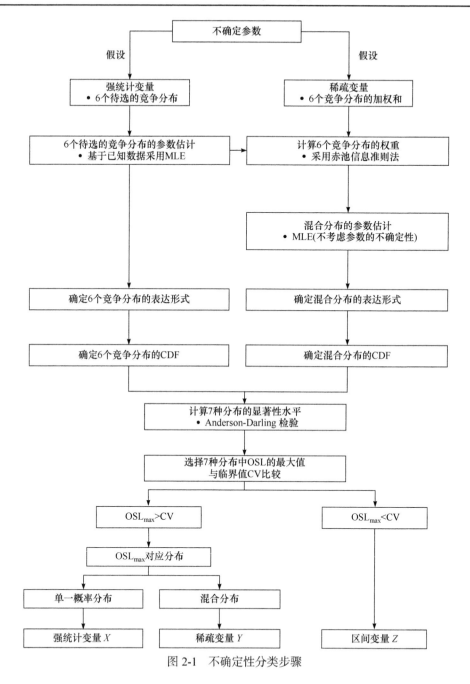

图 2-1 不确定性分类步骤

其中，σ_Z、Z_{min}、Z_{max} 为样本点 x_i 的标准差、最小值、最大值；ψ 为区间的拓展参数。

值得一提的是，当 ψ 设置为 0 时，区间上下边界只是现有训练样本的极值，而对未知样本没有任何冗余或预测。这会导致测试样本的值等于训练样本的最大值或最小值之一时，该训练样本的概率为 0，这与事实不一致。

2.4　算　　例

本节选取一个复合材料的简单算例验证上述不确定性分类方法，选取弹性力学参数(E_1、E_2、V_{21}、G_{12})和层压板厚度 t 为不确定参数。复合材料的不确定输入参数实验数据如表 2-2 所示[1,2]。

表 2-2　复合材料的不确定输入参数实验数据

编号	E_1/GPa	E_2/GPa	V_{21}	G_{12}/GPa	t/mm
1	126.91	8.67	0.30	4.85	4.76
2	128.28	9.07	0.32	4.98	4.98
3	130.39	9.08	0.33	5.00	5.13
4	130.63	9.18	0.33	5.13	5.14
5	132.00	9.21	0.33	5.16	5.27
6	132.19	9.28	0.33	5.25	5.28
7	135.30	9.39	0.34	5.34	5.29
8	137.33	9.73	0.35	5.45	5.33

表 2-2 的数据不足以直接构建这些不确定参数的分布函数，因此使用本章提出的不确定分类方法划分上述 5 个参数的变量类型。首先，假设这5 个变量为强统计变量，满足待选的 6 种竞争分布，对其进行参数估计，结果如表 2-3 所示。

表 2-3　不确定变量的参数估计

材料参数	分布参数	正态分布	均匀分布	指数分布	韦伯分布	极值分布	对数正态分布
	a	131.63	126.91	131.63	133.24	130.08	4.88
E_1	b	3.21	137.33	0.01	41.71	2.75	0.02
	$\ln L_{\max}$	−20.68	−18.75	−47.04	−21.35	−20.58	−20.65

材料参数	分布参数	正态分布	均匀分布	指数分布	韦伯分布	极值分布	对数正态分布
	a	9.20	8.67	9.20	9.34	9.06	2.22
E_2	b	0.28	9.73	0.11	33.44	0.28	0.03
	$\ln L_{max}$	−1.22	−0.47	−25.75	−1.77	−1.87	−1.23
	a	0.33	0.30	0.33	0.33	0.32	−1.11
V_{21}	b	0.01	0.35	3.04	28.68	0.02	0.04
	$\ln L_{max}$	23.01	23.97	0.90	23.28	21.72	22.89
	a	5.15	4.85	5.15	5.24	5.05	1.64
G_{12}	b	0.19	5.45	0.19	30.00	0.17	0.04
	$\ln L_{max}$	2.09	4.09	−21.10	1.77	1.88	2.10
	a	5.15	4.76	5.15	5.23	5.05	1.64
t	b	0.18	5.33	0.19	41.41	0.21	0.04
	$\ln L_{max}$	2.28	4.50	−21.11	3.47	0.80	2.13

　　然后，假设该变量为稀疏变量，形式为竞争分布的加权和，求其权重及参数。7 种分布的 PDF 曲线如图 2-2 所示。计算可以得到 5 个变量的 7 种分布的 CDF，通过 Anderson-Darling 检验，可以得到每个变量 OSL 值（表 2-4）。

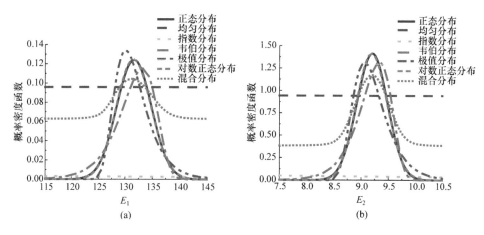

(a)　　　　　　　　　　(b)

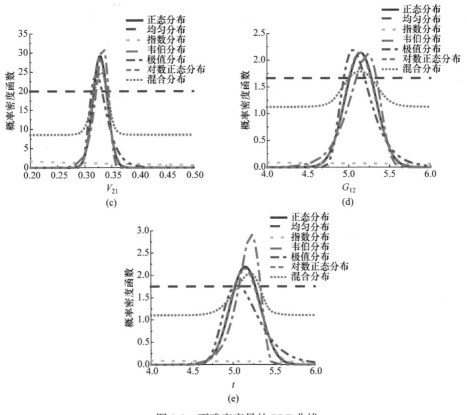

图 2-2　不确定变量的 PDF 曲线

表 2-4　不确定变量的 OSL 值

分布	E_1 /GPa	E_2 /GPa	V_{21}	G_{12} /GPa	t /mm
正态分布	0.596	**0.450**	0.138	0.725	0.122
均匀分布	0.137	0.059	0.008	0.339	0.000
指数分布	0.000	0.000	0.000	0.000	0.000
韦伯分布	0.367	0.262	**0.192**	0.644	**0.217**
极值分布	0.000	0.000	0.000	0.000	0.000
对数正态分布	0.612	0.447	0.119	**0.727**	0.107
混合分布	**0.689**	0.217	0.069	0.557	0.002

由表 2-4 可知，对于该组 5 个变量，E_1 的 OSL 最大值大于 CV(本例为 0.2)，并且 OSL 最大值对应的概率分布为 6 种概率分布的混合，因此 E_1 为

稀疏变量，通过带权重的概率分布函数表达；E_2 的 OSL 最大值大于 CV，并且 OSL 最大值对应的概率分布为正态分布，因此 E_2 为强统计变量，满足正态分布；V_{21} 的 OSL 最大值小于 CV，因此 V_{21} 为区间变量，区间范围为 $[0.295, 0.355]$；G_{12} 的 OSL 最大值大于 CV，并且 OSL 最大值对应的概率分布为对数正态分布，因此 G_{12} 为强统计变量，满足对数正态分布；t 的 OSL 最大值大于 CV，并且 OSL 最大值对应的概率分布为韦伯分布，因此 t 为强统计变量，满足韦伯分布。

如图 2-3 所示，经过不确定性分类后选择的分布函数对实验数据点的拟合效果较好，尤其是高概率区域，从而验证本章提出的不确定性分类方法的准确性。

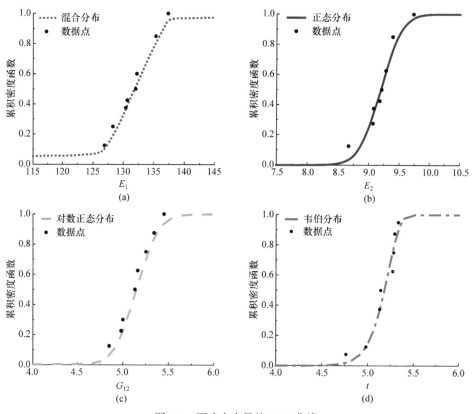

图 2-3　不确定变量的 CDF 曲线

参 考 文 献

[1] Goggin P R. The elastic constants of carbon-fibre composites. Journal of Materials Science, 1973, 8(2): 33-44.

[2] Elishakoff I E, Li Y, Starnes J H. Non-classical problems in the theory of elastic stability. Cambridge: Cambridge University Press, 2001.

第3章 随机不确定性的分析传递

在随机不确定性影响下，不确定性优化设计的难点在于如何高效地进行不确定性分析传递。为解决此问题，学者已经提出一些方法，其中 MC 法是工程中最常用的。该方法需要大量采样实现统计收敛，当样本点数量为 10^{N+2} 时，响应均值标准差的精度水平才能达到 10^{-N} 的要求。船舶不确定性优化设计需要各类模拟仿真计算以及大量的不确定性分析，这加剧了使用 MCS 方法的困难，因此需要找到一种如 MC 法同样精确但计算成本相对较低的方法。

PCE 法可以用较少的计算成本量化多个不同概率分布的不确定参数共同作用下输出的随机性质，在工程应用上比 MC 法更具优势。该方法是一种非常严密的不确定分析方法，可以通过严格的数学理论推导证明，即在高斯测度的平方可积函数空间内，以正交多项式为基底，可以近似逼近该空间中的任意元素。不确定变量由正交多项式展开，由于正交多项式的特性，随机变量的随机特性可由多项式系数导出。但是，使用该方法进行船舶不确定性优化设计，仍存在如下问题。

(1) 常采用大样本的统计回归方法求解 PCE 法的多项式系数，导致计算量增加。

(2) 环境干扰因素众多，常导致不确定量的数目很大，每增加一个不确定量会使计算量成倍增加。

(3) PCE 法无法直接得到约束的失效概率。一般最直接的方法是通过对约束函数的 PDF 在失效域上的积分得到约束的失效概率，但面临的问题是 PCE 法难以直接获得其 PDF。

为了解决 PCE 法存在的问题，本章针对问题(1)，基于线性无关原则提出改进的概率配点法(improved probabilistic collocation method，IPCM)，以减少样本数目；针对问题(2)，将 PCE 法与 Sobol'灵敏度指标结合，对不确定量进行灵敏度分析，完成不确定量的降维；针对问题(3)，将 PCE 法与最大熵法(maximum entropy method，MEM)结合，直接求解约束的 PDF，再通过在失效域上积分获得失效概率。最后，将改进的 PCE 法应用于数值算例和船舶的优化算例。

3.1　多项式混沌展开法

PCE 法源于 Wiener 混沌展开，原理是将模型响应构建成一个具有高维正交多项式形式的随机代理模型。Wiener 证明，所有具有有限方差的高斯分布随机变量都可以表示为 Hermite 多项式的无限之和。由于 Hermite 多项式仅对高斯分布最佳，近年来，经典的 PCE 法已扩展到所谓的 gPC 法[1]，可以直接利用一些其他的统计分布及其正交多项式。PCE 法最新的研究是任意多项式混沌展开(arbitrary polynomial chaos expansion，记为 aPC)[2,3]，当已知信息只有有限的数据时，只需要得到变量的高阶矩，就可以使用任意概率分布的 PCE。

3.1.1　基本原理

对于 Wiener 混沌展开，在平方可积函数空间的所有高斯分布随机变量 Z 都可以表示为

$$Z(\xi)=\alpha_0+\sum_{i_1=0}^{n}\alpha_{i_1}\Psi_1(\xi_{i_1})+\sum_{i_1=0}^{n}\sum_{i_2=0}^{i_1}\alpha_{i_1i_2}\Psi_2(\xi_{i_1},\xi_{i_2})+\sum_{i_1=0}^{n}\sum_{i_2=0}^{i_1}\sum_{i_3=0}^{i_2}\alpha_{i_1i_2i_3}\Psi_3(\xi_{i_1},\xi_{i_2},\xi_{i_3})+\cdots$$

$$(3\text{-}1)$$

其中，$\xi=\{\xi_1,\xi_2,\cdots,\xi_n\}$ 为相互独立的 n 维随机输入变量；$Z(\xi)$ 为随机输出变量；α_i 为 PCE 项的系数；$\Psi_i(\xi)$ 为以 ξ 为变量的多维正交多项式基底，满足

$$\int_{\Omega}\Psi_i(\xi)\Psi_j(\xi)\rho(\xi)\mathrm{d}\xi=0,\quad i\neq j \tag{3-2}$$

为了估算输出的不确定性，将式(3-2)截断到某一阶，则 $Z(\xi)$ 关于 n 维随机变量 ξ 的 d 阶 PCE 为

$$Z(\xi) \approx \alpha_0 + \sum_{i_1=0}^{n} \alpha_{i_1} \Psi_1(\xi_{i_1}) + \sum_{i_1=0}^{n} \sum_{i_2=0}^{i_1} \alpha_{i_1 i_2} \Psi_2(\xi_{i_1}, \xi_{i_2}) + \cdots$$
$$+ \sum_{i_1=0}^{n} \sum_{i_2=0}^{i_1} \cdots \sum_{i_d=0}^{i_{d-1}} \alpha_{i_1 i_2 i_3} \Psi_d(\xi_{i_1}, \xi_{i_2}, \cdots, \xi_{i_d}) \tag{3-3}$$

其正交多项式基底为

$$\Psi_k(\xi_{i_1}, \xi_{i_2}, \cdots, \xi_{i_k}) = (-1)^k e^{\frac{1}{2}\xi^{\mathrm{T}}\xi} \frac{\partial^k e^{-\frac{1}{2}\xi^{\mathrm{T}}\xi}}{\partial \xi_{i_1} \partial \xi_{i_2} \cdots \partial \xi_{i_k}} \tag{3-4}$$

为了方便，将(3-3)式简化为

$$Z(\xi) \approx \sum_{i=0}^{P-1} \alpha_i \Psi_i(\xi) \tag{3-5}$$

其中，$P = \dfrac{(n+d)!}{n!d!}$。

Cameron 等[4]的研究表明，Wiener 混沌展开对于任意随机过程都收敛。在理想情况下，高斯分布的 PDF 与 Hermite 多项式的加权函数相同，因此能够使 PCE 迅速收敛。但是，还有很多其他的概率分布，如伽马分布、贝塔分布、均匀分布等，如仍采用 Hermite 多项式，其收敛速度将无法保证。

Askey 等[5]提出针对不同分布的正交多项式。Xiu 等使用 Askey 族将 Wiener 混沌展开推广到常见的非高斯分布。这就是所谓的广义多项式混沌展开，其可以在生成多项式响应函数时直接使用这些非高斯的概率分布。这对于改善非高斯随机变量混沌展开的收敛性有很好的效果。表 3-1 所示为随机变量分布与正交多项式族的对应关系。

表 3-1 随机变量分布与正交多项式族的对应关系

变量类型	分布类型	正交多项式族	范围
连续	高斯分布	Hermite	$(-\infty, +\infty)$
	伽马分布	Laguerre	$[0, +\infty)$

续表

变量类型	分布类型	正交多项式族	范围
连续	贝塔分布	Jacobi	$[a,b]$
	均匀分布	Legendre	$[a,b]$
离散	泊松分布	Charlier	$\{0,1,2,\cdots\}$
	二项分布	Krawtchouk	$\{0,1,2,\cdots,n\}$
	负二项分布	Meixner	$\{0,1,2,\cdots\}$
	超几何分布	Hahn	$\{0,1,2,\cdots,n\}$

若 1 维正交多项式基底 $\varphi_t^l(\xi_t)$ 属于 Askey 族，ξ_t 表示为随机变量的 l_t 阶的 1 维正交多项式基底，假设 n 维随机变量 ξ 相互独立，则多维正交多项式基底 $\Psi_i(\xi)$ 可以分解为多个 1 维正交多项式基底的乘积，即

$$\Psi_i(\xi_1,\xi_2,\cdots,\xi_n)=\prod_{t=1}^{n}\varphi_t^l(\xi_t),\quad i=0,1,\cdots,P-1;\quad l_t=0,1,\cdots,d;\quad \sum_{t=1}^{n}l_t\leqslant d$$

$$(3\text{-}6)$$

3.1.2　多项式混沌展开系数求解

PCE 的正交多项式基底确定后，下一步需要确定 PCE 系数。由于侵入式方法需要对模型进行修改和调整，修改后难以被其他人使用，不够通用，因此本书介绍一种常用的非侵入式方法——回归法。

令 $\{\xi^{(i)}\}$ 表示随机参数的输入样本集，其对应输出 $y=\{y^{(i)}\}$。$\alpha=(\alpha_0,\alpha_1,\cdots,\alpha_{P-1})$ 为系数的向量，其近似值 $\hat{\alpha}$ 可通过最小二乘求解，即

$$\hat{\alpha}=\arg\min\sum_{j=1}^{N}\left(y^{(i)}-\sum_{i=0}^{P-1}\alpha_i\Psi_i(\xi^{(i)})\right)$$

$$(3\text{-}7)$$

其中，$n>P$，为样本个数。

令

$$\Gamma = \begin{bmatrix} \Psi_0(\xi^{(0)}) & \Psi_1(\xi^{(0)}) & \cdots & \Psi_{P-1}(\xi^{(0)}) \\ \Psi_0(\xi^{(1)}) & \Psi_1(\xi^{(1)}) & \cdots & \Psi_{P-1}(\xi^{(1)}) \\ \vdots & \vdots & & \vdots \\ \Psi_0(\xi^{(n)}) & \Psi_1(\xi^{(n)}) & \cdots & \Psi_{P-1}(\xi^{(n)}) \end{bmatrix} \tag{3-8}$$

则

$$\hat{a} = (\Gamma^{\mathrm{T}}\Gamma)^{-1}\Gamma^{\mathrm{T}}y \tag{3-9}$$

其中，$\Gamma^{\mathrm{T}}\Gamma$ 为 Fisher 矩阵。

容易看出，求解 PCE 系数需要生成一系列的样本，可通过简单的随机抽样、拉丁超立方抽样等方法获取。

当确定完多项式的展开系数后，RDO 关注的重点——响应输出的均值和标准差可以直接得到。响应输出均值的表达形式为

$$E(Z) = \left\langle \hat{Z}(\varepsilon) \right\rangle \approx \sum_{i=0}^{P-1} \alpha_i \left\langle \Psi_i(\varepsilon) \right\rangle = \alpha_0 \tag{3-10}$$

其中，$\langle \cdot \rangle$ 代表内积。

响应输出标准差的表达形式为

$$D(Z) = \left\langle \left(Z(\varepsilon) - \left\langle \hat{Z}(\varepsilon) \right\rangle \right)^2 \right\rangle = \sum_{i=1}^{P-1}\sum_{j=1}^{P-1} \alpha_i \alpha_j \left\langle \Psi_i(\varepsilon)\Psi_j(\varepsilon) \right\rangle = \sum_{i=1}^{P-1} \alpha_i^2 \left\langle \Psi_i(\varepsilon)^2 \right\rangle$$

$$\tag{3-11}$$

可以看出，回归法在求解 PCE 系数时，需要先生成样本点。但是，目前构建样本集和选择样本集大小仅凭经验，并且对计算效率有较大的影响。使用的样本数量决定了输出变量值的计算次数，直接影响计算成本。此外，样本的分布情况也会影响 PCE 的拟合效果，影响后续结果的精度。为了保证计算精度，常用大样本的统计方法选取样本点回归求解，高样本数则导致计算量激增。因此，为了减少所需样本数，提高计算效率，降低计算成本，需要采取一种新的采样方法求解多项式系数。

3.2　改进的概率配点法

本节利用多项式的正交性质，在传统的概率配点法(probabilistic collocation method，PCM)的基础上，基于线性无关原则提出一种 IPCM，以代替大样本统计回归方法，可以有效地减少回归法需要的样本点。

3.2.1　基本原理及改进

对于传统的 PCM，其最初应用于地下水渗流和溶质运移的模拟[6,7]等领域，近年来，边坡及结构可靠度[8,9]的计算也使用了该方法，均取得不错的效果。

考虑 ξ 为 1 维变量时，截断后的 PCE 与原始模型 $Z(\xi)$ 的残差为

$$R(\alpha,\xi) = Z(\xi) - \hat{Z}(\xi) \tag{3-12}$$

待定参数 α_i 可通过加权余量法求解，因此取残差 $R(\alpha,\xi)$ 和 1 维正交多项式 $\varphi_i(\xi)$ 正交，可得

$$\int_{\Omega} R(\alpha,\xi)\varphi_i(\xi)\mathrm{d}\xi = 0 \tag{3-13}$$

式(3-13)可通过数值求解，采用高斯积分法，可得

$$\int_{\Omega} R(\alpha,\xi)\varphi_i(\xi)\mathrm{d}\xi \approx \sum_{j=0}^{P-1} w_j R(\alpha,\xi_j)\varphi_i(\xi_j) = 0, \quad i = 0,1,\cdots,P-1 \tag{3-14}$$

其中，w_j 为权重；ξ_j 为求积公式的高斯积分点的横坐标。

对于任意的 i 和 j，$w_j\varphi_i(\xi_j)$ 不总为 0，则有

$$R(\alpha,\xi_j) = 0, \quad j = 0,1,\cdots,P-1 \tag{3-15}$$

因为正交多项式 $\varphi_i(\xi)$ 与任何不超过 d 阶的多项式差 $R(\alpha,\xi)$ 带权正交，所以高斯点为正交多项式 $\varphi_i(\xi)$ 的 $d+1$ 阶多项式的零点。式(3-15)可以通过高斯积分点计算多项式的系数。

综上，对于 1 维随机变量的 d 阶 PCE，其配点为 $d+1$ 阶 1 维正交多项

式的根。以 Hermite 正交多项式为例，作为正态分布的最优多项式，其在原点处的概率最大，因此布置配点时应尽量靠近原点和关于原点对称。奇数阶的 PCE 展开需要偶数阶的 Hermite 多项式的根作为配点，而偶次阶多项式没有零根，因此补充零根作为奇数阶展开 PCE 的一个配点[10]。以前 4 阶为例，Hermite 多项式的根如表 3-2 所示。

表 3-2　Hermite 多项式的根

PCE 展开阶数	高 1 维的 Hermite	根
1	$\varepsilon^2 - 1$	0、1、-1
2	$\varepsilon^3 - 3\varepsilon$	0、$\sqrt{3}$、$-\sqrt{3}$
3	$\varepsilon^4 - 6\varepsilon^2 + 4$	0、$\sqrt{3+\sqrt{6}}$、$\sqrt{3-\sqrt{6}}$、$-\sqrt{3+\sqrt{6}}$、$-\sqrt{3-\sqrt{6}}$
4	$\varepsilon^5 - 10\varepsilon^3 + 15\varepsilon$	0、$\sqrt{5+\sqrt{10}}$、$\sqrt{5-\sqrt{10}}$、$-\sqrt{5+\sqrt{10}}$、$-\sqrt{5-\sqrt{10}}$

对于 n 维随机变量，其概率配点为高一阶 1 维正交多项式根的组合，因此 PCM 生成所有可供选择的概率配点数目 N 为

$$N = (d+1)^n + \begin{cases} 1, & d\text{为奇数} \\ 0, & d\text{为偶数} \end{cases} \tag{3-16}$$

与统计采样方法不同，PCM 输入样本不是通过随机选择得到，而是按照某些规则进行选择，一般来说样本点数目应该大于待定系数的个数。Isukapalli[11]认为配点数目应该为待定系数数目的 2 倍，然后通过回归法求解待定系数。然而，Jiang 等[12]研究发现，有时配点数量取待定系数的数目 8 倍以上仍然无法保证计算精度，并且配点增加导致计算效率降低，计算量甚至超过 MC 法。

从线性代数的角度来看，根据式(3-9)，为确保可以计算得到系数，且系数是唯一解，系数矩阵只需要保证满秩，并且秩等于未确定的系数个数即可。因此，不需要多达 N 个概率配点，只需要从 N 个配点中选择 P 个配点，保证系数矩阵满秩即可获得系数的唯一解。

由式(3-9)可知，系数矩阵的每一列都是相同的多维多项式，因此每一

行都具有与前一行相同的形式，唯一的区别是代入的配点不同。由于配点相对于原点的对称性，以及偶数项的存在，系数矩阵存在两个行向量之间线性相关的情况。如果新添加配点的行向量与所选配点的行向量线性相关，则表明新添加的配点无法提供更有效的信息用于确定待定系数，因此需要拒绝该配点，并选择下一个候选点继续进行判断分析；相反，如果新添加配点的行向量与所选配点的行向量线性无关，则表明新添加的概率配点可以提供有效的信息确定多项式的待定系数，这意味着必须保留此配点。

因此，本书基于线性无关原则提出一种 IPCM，保证多项式矩阵行向量线性无关，即矩阵为行满秩矩阵。基于线性无关的 PCM 流程图如图 3-1所示。

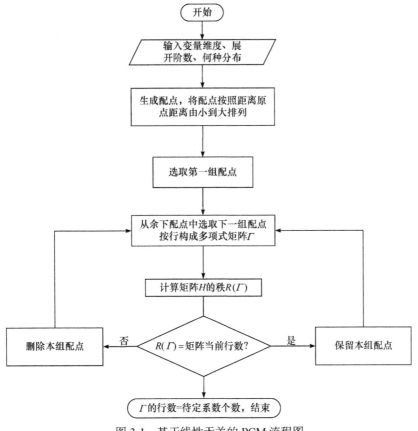

图 3-1　基于线性无关的 PCM 流程图

当随机变量个数较多，且 PCE 展开阶数较高时，搜索线性无关配点的计算量也较大，这个过程包括多次构成系数矩阵并对矩阵求秩的过程，计算十分耗时。一般地，对于给定数量的随机变量和给定展开阶数的随机多项式，可以预先搜索并保存所需的线性独立配点，以便使用时直接调用，无需重复搜索。

3.2.2 数值算例

1. 2 维 3 阶多项式函数

考虑式(3-17)2 维 3 阶非线性函数，随机变量 x_1 和 x_2 满足均值 μ 为 10 和 9.9、标准差 δ 均为 5 的正态分布，且 x_1 和 x_2 相互独立，即

$$Y_1 = g(x_1, x_2) = x_1^3 + x_1^2 x_2 + x_2^3 - 18 \tag{3-17}$$

通过 $\varepsilon = (x - \mu)/\delta$，将随机变量 x_1 和 x_2 转化为标准正态分布，代入式(3-17)并整理成 Hermite 多项式的形式，可得

$$\begin{aligned} Y_1 &= g(\varepsilon_1, \varepsilon_2) \\ &= 4682.299 + 2865\varepsilon_1 + 2470.15\varepsilon_2 + 997.5(\varepsilon_1^2 - 1) + 742.5(\varepsilon_2^2 - 1) \\ &\quad + 500\varepsilon_1\varepsilon_2 + 125(\varepsilon_1^3 - 3\varepsilon_1) + 125(\varepsilon_2^3 - 3\varepsilon_2) + 125(\varepsilon_1^2 - 1)\varepsilon_2 \end{aligned} \tag{3-18}$$

用 PCE 法对函数 Y_1 进行 2、3、4 阶展开，展开项数分别为 6、10、15。采用 PCM、IPCM 和 MC 法(配点数目为待定系数 2 倍)对 ε_1 和 ε_2 进行选点。2 维 2 阶、2 维 3 阶、2 维 4 阶的配点分布如图 3-2 所示。

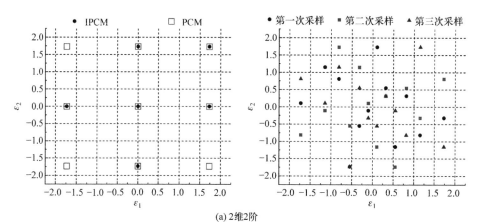

(a) 2维2阶

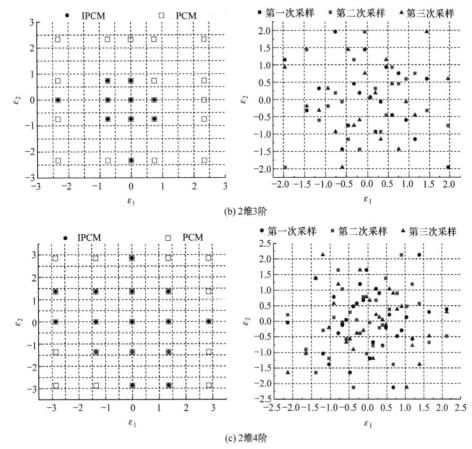

图 3-2 2 维 2 阶、2 维 3 阶、2 维 4 阶的配点分布图

左列为 2 种 PCM，右列为 MC 法 3 次采样

由图 3-2 可知，与 MC 法相比，PCM 生成的配点分布有一定的规律，且较为均匀，且当配点数目较少时，MC 法有可能出现在某个方向上配点过少，甚至没有配点的情况。对 IPCM，根据线性无关原则，在 2、3、4 阶展开中分别从 PCM 生成的(9，25，25)个配点中选取(6，10，15)个配点，与其他两种方法相比，样本数明显减少。

不同展开阶数下 IPCM、PCM 和 MC 法所求系数对比如表 3-3 所示。

表 3-3　不同展开阶数下 IPCM、PCM 和 MC 法所求系数对比

系数	2 阶		3 阶		4 阶		准确值(MC 法)
	IPCM	PCM	IPCM	PCM	IPCM	PCM	
	6 样本	9 样本	10 样本	25 样本	15 样本	25 样本	
b_0	4628.30	4628.30	4628.30	4628.30	4628.30	4628.30	4628.30
b_1	2864.99	2864.99	2865.00	2865.00	2865.00	2865.00	2865.00
b_2	2345.15	2345.15	2470.15	2470.15	2470.15	2470.15	2470.15
b_3	997.50	997.50	997.50	997.50	997.50	997.50	997.50
b_4	742.50	742.50	742.50	742.50	742.50	742.50	742.50
b_5	**716.50**	**526.36**	500.01	500.01	500.01	500.01	500.00
b_6			125.00	125.00	125.00	125.00	125.00
b_7			125.00	125.00	125.00	125.00	125.00
b_8			125.00	125.00	125.00	125.00	125.00
b_9			0.01	0	0	0	0
b_{10}					0	0	
b_{11}					0	0	
b_{12}					0	0	
b_{13}					0	0	
b_{14}					0	0	

通过与式(3-18)准确值对比，对于函数 Y_1，展开阶数为 2 阶时，2 种配点方法得到的多项式系数均不够精确，有 1 个系数 b_5 与准确值相差较大。展开阶数提高到 3 阶，即 PCE 展开阶数为 Y_1 的真实阶数时，PCE 法计算的系数就是函数 Y_1 的系数，两种配点方法得到的多项式系数几乎和准确值完全一致，误差几乎为 0。对于 2 阶、3 阶展开的情况，使用 IPCM 得到的配点数目比 PCM 少，精度却与 PCM 相当。由此可以看出，IPCM 在预报响应的均值和标准差的优势，即在保证精度的前提下所需样本点的数量小于 PCM，减少了计算成本。展开阶数为 4 阶时，两种配点方法得到的 4 阶项系数值均接近 0，可以证明 4 阶项对该数值算例精度提高没有贡献，3 阶展开是其最佳展开阶数。

因此，并不是展开阶数越高精度就越高。对于不同的问题，PCE 展开有对应的最佳展开阶数。如果盲目提高展开阶数，在计算成本大大提高的情况下并不一定能得到更加精确的结果。

2. 多维高阶多项式函数

考虑式(3-19)多维高阶的多项式函数。输入变量 $X_i(i=1,2,\cdots,n)$ 满足标准正态分布。本例取 $n=3$，即式(3-19)为 6 阶，可得

$$Y_2 = \frac{1}{2^n}\prod_{i=1}^{n}(3X_i^2+1) \tag{3-19}$$

对 Y_2 分别取 2～6 阶展开，展开项数分别为 10、20、35、56、84。采用 IPCM、PCM 对式(3-19)的输入变量进行选点，如图 3-3 所示。

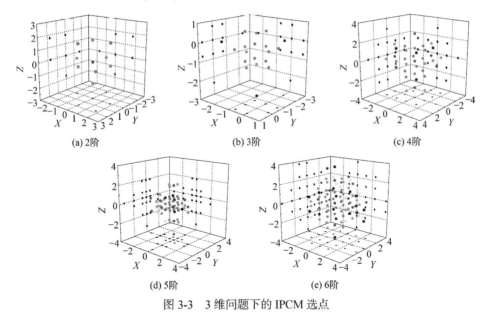

(a) 2阶　　　　　　　　(b) 3阶　　　　　　　　(c) 4阶

(d) 5阶　　　　　　　　(e) 6阶

图 3-3　3 维问题下的 IPCM 选点

对于 IPCM，根据线性无关原则，从 PCM 生成的(27，125，125，343，343)个配点中，选取(10，20，35，56，84)个配点。筛减后的配点如图 3-3 所示。其配点分布具有一定的规律，颜色相同的点与原点的距离相等，并且关于原点成阶梯状分布；黑色点为配点在各个面上的投影，各个象限的点数目相近且分布均匀。

与式(3-18)不同，由于式(3-19)的 Y_2 函数无法整理成 Hermite 多项式的形式，无法通过比较求解的多项式系数和真实系数的误差判断 IPCM 的准确性。因此，本书以 MC 法(10^5 个样本点)的结果为准确值，考虑输出函数 Y_2 的 PDF 曲线，将 PCM 和 IPCM 得到的 PDF 曲线与其对比，结果如图 3-4 所示。

对于函数 Y_2，由图 3-4 可知，与 MC 法相比，展开阶数为 2 阶时，PCM 和 IPCM 的 PDF 曲线在 Y_2 的全部变化范围内误差很大，其中 PCM 在峰值前精度较 IPCM 高。展开阶数为 3 阶时，PCM 的 PDF 在峰值附近十分精确，但是在峰值之后误差又开始增大；IPCM 误差较 2 阶展开减小，峰值前的精度明显提高。当展开阶数 $d \geqslant 4$ 时，IPCM 在 Y_2 的全部变化范围内精度明显提高，与 PCM 几乎完全一致，两者的 PDF 曲线已经向 MC 法的结

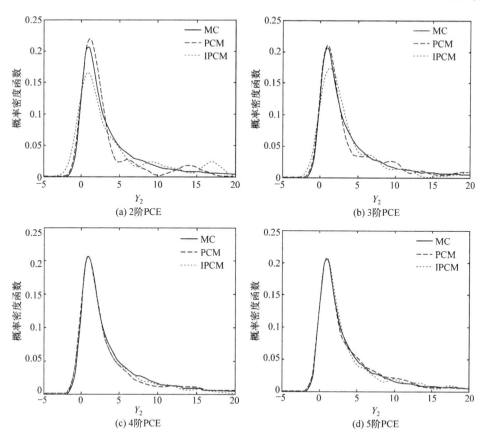

(a) 2阶PCE

(b) 3阶PCE

(c) 4阶PCE

(d) 5阶PCE

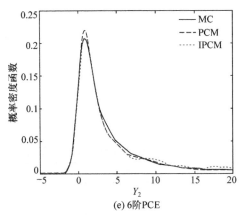

(e) 6阶PCE

图 3-4　函数 Y_2 在不同展开阶数下 MC、PCM、IPCM 的 PDF 曲线对比

果收敛，甚至重合，仅在尾部低概率区域有些误差。此时，IPCM 所需样本点(35，56，84)小于 PCM 的样本点(125，343，343)，更是远远小于 MC 法的样本点(10^5)。由此可以看出，IPCM 在保证精度的前提下可以大大减少计算量。

3. Ishigami 函数

考虑非线性非单调函数 Ishigami 函数，即

$$Y_3 = \sin X_1 + a\sin^2 X_2 + bX_3^4 \sin X_1 \tag{3-20}$$

其中，输入变量 $X_i(i=1,2,3)$ 在 $[-\pi,\pi]$ 均匀分布。

这里取 $a=7$、$b=0.1$。由于 Y_3 为非线性函数，无法确定 PCE 法拟合该函数时应采取的展开阶数，因此对函数 Y_3 进行 3、5、7、9 阶展开，展开项数分别为 20、56、120、220。采用 PCM 和 IPCM 分别对 X_1 和 X_2 进行选点，得到响应 Y_3 的均值和标准差。将其与 MC 法的结果对比，响应 Y_3 的均值和标准差的计算结果如表 3-4 和表 3-5 所示。两个指标随展开阶数的变化如图 3-5 所示。

表 3-4　不同展开阶数下 PCM 计算的均值和标准差(Ishigami 函数)

配点法	PCM				MC 法
	$d=3$	$d=5$	$d=7$	$d=9$	
配点数	125	343	729	1331	10^5

配点法	PCM				MC 法
	$d=3$	$d=5$	$d=7$	$d=9$	
均值	2.812	3.279	3.472	3.429	3.485
标准差	3.014	3.536	3.727	3.699	3.691

表 3-5　不同展开阶数下 IPCM 计算的均值和标准差(Ishigami 函数)

配点法	IPCM				MC 法
	$d=3$	$d=5$	$d=7$	$d=9$	
配点数	20	56	120	220	10^5
均值	2.676	3.185	3.450	3.435	3.485
标准差	2.711	3.421	3.728	3.725	3.691

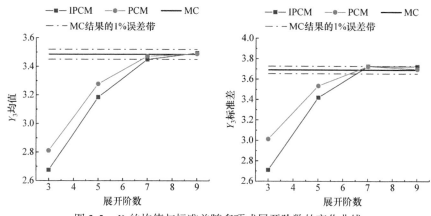

图 3-5　Y_3 的均值与标准差随多项式展开阶数的变化曲线

由表 3-4、表 3-5 和图 3-5 可知,展开阶数为低阶($d=3,5$)时,PCM 和 IPCM 计算的均值和标准差误差均较大。随着阶次升高,均值与标准差趋于收敛,其计算结果趋近于 MC 法的结果。当 $d=7$ 时,两种方法计算的均值和标准差均在 MC 法的 1%误差带范围内,可见 7 阶多项式已经能够很好地量化 Y_3 的不确定性。当 $d=9$ 时,均值和标准差精度较 $d=7$ 时略微提高,但是样本点数却接近 $d=7$ 时的 2 倍。

在同一展开阶数下,虽然 PCM 的精度都比 IPCM 略高,但是 IPCM 计算所需的样本点数目远远小于 PCM 的样本点数。随着展开阶数提高，当 $d=9$ 时，PCM 所需要的样本点数为 1331 个，而 IPCM 仅需 220 个。因此，IPCM 可以在样本点数目较少的前提下保证计算的精度，并且优势较为明显。

4. 极限状态函数

PCM 选取样本点数目大于待定系数的个数，而 IPCM 从 PCM 产生的配点中挑选一部分样本点(样本数目等于待定系数个数)进行计算就能保证精度。这里的算例通过比较配点数目和矩阵秩的关系，进一步研究这一现象。考虑一个可靠性分析中常用的非线性非单调函数，即

$$g(x) = x_1 - 10^4 \left[\frac{x_2(x_4x_5)^{1.71}}{x_3} + \frac{(1-x_2)(x_4x_5)^{1.188}}{x_6} \right] \qquad (3\text{-}21)$$

其中，6 个非标准正态变量的基本参数如表 3-6 所示。

表 3-6　非标准正态变量的基本参数表

随机变量	分布类型	均值	标准差
x_1	对数正态	1.044	0.3132
x_2	正态	0.7	0.07
x_3	对数正态	0.2391	0.09564
x_4	对数正态	1.011	0.15165
x_5	正态	0.0005	0.00008
x_6	对数正态	1.802	0.7208

由于 $g(x)$ 为非线性函数，无法确定 PCE 法拟合该函数时应采取的展开阶数，因此对函数 $g(x)$ 分别进行 2、3、4 阶展开，展开项数分别为 28、84、210，分别用 PCM 和 IPCM 对 6 个变量进行配点选取，同时计算 $g(x)$ 的均值和标准差。

除此之外，对 PCM 分别生成的 729 个配点($d=2$ 阶)、15625 个配点($d=3$ 阶)、15625 个配点($d=4$ 阶)，从中挑选前 N 个配点，选点数目 N 分

别为待定系数的 2 倍、3 倍、4 倍、10 倍，采用这些配点分别计算 $g(x)$ 的均值和标准差。PCM(配点数目 $N=2P$、$3P$、$4P$、$10P$，以及满秩，P 为展开项系数个数)、IPCM 计算结果及其与 MC 法结果的误差百分比如表 3-7 和表 3-8 所示。

表 3-7　不同配点数目时 PCE 法所求均值比较

| 项目 | PCE 法 | | | | | | MC 法 (10⁵ 次) |
| | $d = 2$ | | $d = 3$ | | $d = 4$ | | |
	均值	误差/%	均值	误差/%	均值	误差/%	
$2P$	0.689	5.1					
$3P$	0.688	5.2	0.327	55.1	0.946	30.3	
$4P$	0.687	5.4	0.544	22.1	0.719	0.9	
$10P$	0.689	5.1	0.737	21.5	0.732	0.8	0.726
满秩	0.688	5.2	0.724	0.3	0.727	0.1	
IPCM	0.688	5.2	0.723	0.4	0.728	0.3	

表 3-8　不同配点数目时 PCE 法所求标准差比较

| 项目 | PCE 法 | | | | | | MC 法 (10⁵ 次) |
| | $d = 2$ | | $d = 3$ | | $d = 4$ | | |
	标准差	误差/%	标准差	误差/%	标准差	误差/%	
$2P$	0.389	13.4					
$3P$	0.385	12.2	0.512	49.2	0.611	78.1	0.343
$4P$	0.383	11.7	0.492	43.4	0.348	1.5	
$10P$	0.379	9.6	0.371	8.2	0.347	1.2	
满秩	0.372	8.5	0.361	5.2	0.341	0.6	
IPCM	0.377	9.9	0.365	6.4	0.346	0.8	

表 3-7 和表 3-8 给出了不同配点数目下 $g(x)$ 的均值和标准差的对比。以 MC 法的结果为标准，随着展开阶数的增加，PCE 法求得的均值和标准差逐渐接近 MC 法的结果，误差逐渐减小，其中 4 阶的结果较为准确。在回归法的计算中，对于 2 阶展开，配点数目的增加对均值和标准差的计算精度并没有太大的影响；对于 3 阶展开，当配点数目增加到 $10P$ 时，其计

算精度才得以提高；对于 4 阶展开，配点数目增加到 $4P$ 时，计算精度便得以提高。

　　为了解释计算精度与配点数目的关系，图 3-6 给出了不同展开阶数下系数矩阵的秩与配点数目的关系。可以看出，配点数目大于待定系数个数时，系数矩阵不一定达到满秩。此时，表 3-7 和表 3-8 计算结果的误差较大。对于 2 阶展开，配点数目大于 52 时才能保证系数矩阵达到满秩，之后再增加配点数目，矩阵的秩保持不变，也就是说对于计算精度的提高没有改善。当 $N=10P=280$ 时，2 阶展开的均值和标准差的相对误差分别为 5.1% 和 9.6%。当 $N=52$ 时的相对误差为 5.2% 和 10.5%，此时系数矩阵已经满秩，计算精度并没有较大提高；前者的配点数目是后者的 5 倍多。同理，对于 3 阶展开，配点数目大于 740 时，矩阵达到满秩，这很好地解释了 $N=10P=840$ 时计算精度提高，而 $N=2P$、$3P$、$4P$ 时(配点数目均小于740)，系数矩阵未达到满秩，出现计算结果误差较大，甚至有无解的现象。对于 4 阶展开，也有相似的结论。除此之外，系数矩阵的秩并不是随着配点数目增加而单调增加的。以 4 阶展开为例，从第 153～233 个配点时，系数矩阵的秩始终为 153，说明这些配点是线性相关的，仅选择一组即可，其余可以剔除。

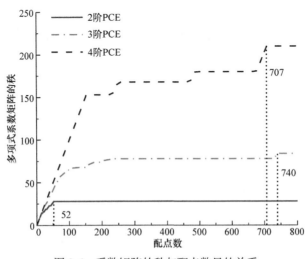

图 3-6　系数矩阵的秩与配点数目的关系

当采用回归法计算时，保证系数矩阵满秩的最少配点数目为 52(2 阶)、740(3 阶)、707(4 阶)。当采用 IPCM 时，系数矩阵满秩时配点数目 28(2 阶)、84(3 阶)、220(4 阶)。由此可知，IPCM 可以大大减少计算所需的配点数目，从而减少计算成本。前者计算结果的精度略高于后者，这是因为后者仅用了前者的一部分配点。然而，与精确解相比，IPCM 的结果完全可以满足精度要求，且计算效率得到提高。

综上，选取 PCM 的一部分配点并使用回归法求解多项式待定系数时，选取的概率配点应满足系数矩阵的秩等于待定系数的个数，PCE 法的精度才能得以保证。但是，对于高维高阶的情况，该方法计算量较大，而基于线性无关原则的 IPCM 需要的配点数目与待定系数相同，可以大大提高计算效率。因此，在复杂的不确定分析和仿真计算中，该方法具有明显的优势。

3.3　基于多项式混沌展开法的全局灵敏度分析

为了真实地反映设计方案在不确定量影响下的表现，在不确定性优化设计过程中，设计者希望考虑越来越多的不确定量，以获得更加稳健可靠的方案。选择更多的不确定量有助于模拟真实的运营环境，但随之而来的高维问题也给不确定性优化设计带来相当大的挑战，造成优化效率低下。如图 3-7 所示，输入变量增加，建立 PCE 模型所需的最少样本数也随之增加，在稍高阶的展开中，这种现象将更为明显，因此会大大增加建模的计算成本。

因此，在不确定性优化设计领域，人们开始采用降维技术解决这一问题，以期在更加稳健可靠的方案和更低计算成本之间取得平衡。灵敏度分析(sensitivity analysis，SA)可以定性或定量地评价模型参数不确定性对模型输出结果产生的影响，从而根据这些影响对不确定量进行排序实现降维。灵敏度分析法可分为局部灵敏度分析法和全局灵敏度分析法。其中，全局灵敏度分析法研究的是模型不确定输入在其允许的变化范围内对模型结果的全局影响，因此目前使用较为广泛。

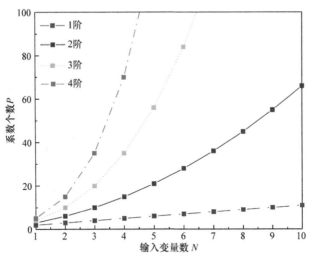

图 3-7　PCE 模型需要的最少样本数(系数个数)与输入变量数的关系

　　对于全局灵敏度分析方法，主要有多元回归法、Morris 法、傅里叶幅度敏感度检验法，以及基于方差分解的 Sobol' 全局灵敏度方法等。本书重点研究基于方差分解的 Sobol'全局灵敏度方法[13]。该方法将输出功能函数的方差分解为单个参数和参数之间的偏方差，以偏方差占输出方差的比例作为指标，衡量各参数及参数之间的相互作用对输出方差的贡献。Sobol'方法在计算方差时，往往需要通过 MC 法抽样计算功能函数的积分。该方法需要大量采样实现统计收敛，否则会存在蒙特卡罗误差(当样本点无穷大时，误差才会收敛到 0)。如果采用 PCE 法对不确定量进行灵敏度分析，多项式的系数不仅可以得到所需的随机统计量，也可直接得到 Sobol'的全局灵敏度指标，即一旦建立输出变量的多项式，灵敏度指标的解析仅仅是对多项式系数的后处理。

　　Deman 等[14]最先将多项式混沌方法推广，替代传统的 Sobol'蒙特卡罗法，实现对 Sobol'全局敏感度指标的计算。在地下流动随机建模框架中，PCE 已被广泛应用并证明能够以低计算成本执行灵敏度分析，是一种全面且可靠的工具。Deman 等将 Sobol' 灵敏度指标的计算与稀疏 PCE 法结合，有效分析了地下水在生命周期内输入参数不确定性对模型输出的影响。

Fajraoui 等[15]和 Younes 等[16]在非均质多孔介质中流动的细网格数值模型上应用了基于 PCE 的全局灵敏度分析，在给定的观察点处建立不确定流动边界条件处理液体传导率和分散率溶质浓度。Sochala 等[17]用 PCE 法考虑了土壤参数不确定性对三种不同的地下非饱和流动物理模型上的影响。研究表明，与经典的 MC 法相比，PCE 法具有更高的效率，能以较低的计算代价表示输出量的变化。在含水层同位素运输模拟中，Valentina 等[18]在特定位置分析了峰值溶质浓度的统计矩。作为电导率场的函数，分散系数和分配系数与非均匀介质有关，不同阶数的 PCE 模型得到的 Sobol'指数表明，低阶模型可以产生可靠的指标，同时显著减少计算负担。Formaggia 等[19]使用基于 PCE 的敏感性指数研究水文地质变量的不确定性对流域尺度沉积过程演变的影响。

为了避免选择过多的不确定量而增加计算成本，本节将 PCE 法与 Sobol'灵敏度指标结合，对不确定量进行灵敏度分析，从而实现不确定量的降维。

3.3.1 基本原理及拓展

Sobol 提出的方差分解将模型输出的方差分解为各个输入变量和输入变量交互项的条件方差之和，然后采用条件方差与模型输出方差之比作为灵敏度指标。假设 $x = (x_1, x_2, \cdots, x_n)$ 代表 n 维的随机输入变量，其 PDF 为 $f_x(x)$，$x \in I$。变量之间相互独立，它们各自的边缘概率密度函数为 $f_{x_i}(x_i)$，$i = 1, 2, \cdots, n$。对于平方可积函数 $Y(x)$，可展开成如下形式，即

$$
\begin{aligned}
Y(x) &= Y_0 + \sum_{i=1}^{n} Y_i(x_i) + \sum_{i<j} Y_{ij}(x_i, x_j) + \cdots + Y_{12\cdots n}(x_1, x_2, \cdots, x_n) \\
&= Y_0 + \sum_{s=1}^{n} \sum_{i_1 < i_2 < \cdots < i_s}^{n} Y_{i_1 i_2 \cdots i_s}(x_{i_1}, x_{i_2}, \cdots, x_{i_s}) \\
&= Y_0 + \sum Y_u(x_u)
\end{aligned}
\tag{3-22}
$$

其中，$1 \leqslant i_1 \leqslant i_2 \leqslant \cdots \leqslant i_s \leqslant n$；$u = i_1, i_2, \cdots, i_s$；$x_u$ 表示 x 的子向量。

展开项对于任意一个独立参数的积分均为 0，式(3-22)的分解唯一，即

$$\int Y_u(x_u) f_t(x_t) \mathrm{d}x_t = 0, \quad t \in u \tag{3-23}$$

由式(3-23)可得正交性质，即

$$E[Y_u(x_u) Y_V(x_V)] = 0, \quad u \neq v \tag{3-24}$$

将式(3-22)两边平方积分，可得

$$\int Y^2(x) f_x(x) \mathrm{d}x - Y_0^2$$

$$= \sum_{i=1}^{n} \int Y_i^2(x_i) f_{x_i}(x_i) \mathrm{d}x_i + \sum_{i<j} \int Y_{ij}^2(x_i, x_j) f_{x_i}(x_i) f_{x_j}(x_j) \mathrm{d}x_i \mathrm{d}x_j + \cdots$$

$$+ \int Y_{12\cdots n}^2(x_1, x_2, \cdots, x_n) f_{x_1}(x_1) f_{x_2}(x_2) \cdots f_{x_n}(x_n) \mathrm{d}x_1 \mathrm{d}x_2 \cdots \mathrm{d}x_n \tag{3-25}$$

其中，等号左边为 $Y(x)$ 输出的方差 V；右边为各个变量对应的输出的条件方差。

记 1 阶条件方差为

$$V_i = \int Y_i^2(x_i) f_{x_i}(x_i) \mathrm{d}x_i$$

2 阶条件方差为

$$V_{ij} = \int Y_{ij}^2(x_i, x_j) f_{x_i}(x_i) f_{x_j}(x_j) \mathrm{d}x_i \mathrm{d}x_j$$

依此类推，有

$$V = \sum_{i=1}^{n} V_i + \sum_{i<j} V_{ij} + \cdots + V_{12\cdots n} = \sum_{s=1}^{n} \sum_{i_1<i_2<\cdots<i_s} V_{i_1 i_2 \cdots i_s} = \sum V_u \tag{3-26}$$

根据 Sobol' 灵敏度指标的定义，有

$$\mathrm{SI}_u = \frac{V_u}{V} = \frac{E[Y_u^2(x_u)]}{V} \tag{3-27}$$

且 $\sum \mathrm{SI}_u = 1$。

1 阶灵敏度指标 SI_i 只考虑一个变量 x_i，表征变量 x_i 单独对模型输出的影响，又称主效应灵敏度指标，即 MSI。同理，2 阶灵敏度指标 SI_{ij} 考虑两个变量 x_i 和 x_j 交互作用对模型输出的影响。依此类推，可得到其他高阶 SI。

显然，如果考虑所有高阶效应，需要计算的 SI 是相当多的。因此，在实际应用中，常通过总效应灵敏度指标 TSI 衡量所有高阶效应，表征变量 x_i 的 MSI 和包含 x_i 的高阶 SI 之和。

由 3.1 节可知，$l_t = 0,1,\cdots,d$ 且 $\sum\limits_{t=1}^{n} l_t \leqslant d$，定义 ϑ 为 $l = (l_1, l_2, \cdots, l_n)$ 构成的集合，即

$$\vartheta_u = \left\{ l : \begin{vmatrix} l_t > 0, & t = 1,2,\cdots,n, & t \in u \\ l_t = 0, & t = 1,2,\cdots,n, & t \notin u \end{vmatrix} \right\} \tag{3-28}$$

比较式(3-1)和式(3-22)，可得

$$Y_u(x_u) = \sum_{l \in \vartheta_u} \alpha_l \Psi_l(\varepsilon) \tag{3-29}$$

根据式(3-1)和式(3-27)，可得

$$\mathrm{SI}_u = \frac{\sum\limits_{l \in \vartheta_u} \alpha_l^2 E(\Psi_l^2)}{D_{PC}} \tag{3-30}$$

因此，通过 PCE 的系数和基底，可得各个灵敏度指标。

3.3.2 数值算例

下面选取几个典型的标准函数，计算它们的 Sobol'灵敏度指标，并与解析解进行对比。

1. 多项式函数

首先考虑一个简单的多项式函数，即

$$\mathrm{SI}_{i_1 i_2 \cdots i_s} = \frac{5^{-s}}{(6/5)^n - 1}, \quad i = 1,2,\cdots,n \tag{3-31}$$

其 Sobol'指标的解析解，请参考文献[20]。

这里取 $n = 3$，即该多项式为 6 阶，此时 Sobol'指标为

$$\mathrm{SI}_1 = \mathrm{SI}_2 = \mathrm{SI}_3 = 25/91 = 0.2747$$

$$\mathrm{SI}_{12} = \mathrm{SI}_{23} = \mathrm{SI}_{13} = 5/91 = 0.0549$$

$$SI_{123} = 1/91 = 0.0110$$

在实际应用中，模型输出的真实形式是未知的，因此 PCE 展开的阶数无法精确地给出，需要尝试不同的展开阶数。这里 PCE 展开阶数分别取 3 阶、4 阶、5 阶、6 阶，通过 IPCM 进行配点选取，得到的灵敏度指标如表 3-9 所示。

表 3-9 多项式函数在不同展开阶数下的灵敏度指标

灵敏度指标	解析解	展开阶数							
		$d = 3$		$d = 4$		$d = 5$		$d = 6$	
		值	误差/%	值	误差/%	值	误差/%	值	误差/%
SI_1	0.2747	0.2752	0.2	0.2741	0.2	0.2747	0	0.2747	0
SI_2	0.2747	0.2752	0.2	0.2741	0.2	0.2747	0	0.2747	0
SI_3	0.2747	0.2752	0.2	0.2741	0.2	0.2747	0	0.2747	0
SI_{12}	0.0549	0.0556	1.2	0.0552	0.5	0.0550	0.1	0.0549	0
SI_{23}	0.0549	0.0556	1.2	0.0552	0.5	0.0550	0.1	0.0549	0
SI_{13}	0.0549	0.0556	1.2	0.0552	0.5	0.0550	0.1	0.0549	0
SI_{123}	0.0110	0.0091	17.6	0.0109	1.0	0.0110	0.1	0.0110	0

由表 3-9 可知，与解析解相比，展开阶数为 3 时，PCE 法求解的灵敏度指标已经达到不错的精度，1 阶和 2 阶指标误差仅为 0.2% 和 1.2%，仅 3 阶指标误差较大；展开阶数为 4 阶时，1、2、3 阶指标的精度误差均降到 1% 及以下；展开阶数为 5 阶时，1 阶指标无限接近于精确值，2、3 阶误差降到 0.1%；展开阶数为函数真实阶数(6 阶)时，所求指标与精确值完全相同，误差为 0。

2. Ishigami 函数

考虑非线性非单调 Ishigami 函数，其 Sobol' 指标的解析解为

$$D = \frac{a^2}{8} + \frac{b\pi^4}{5} + \frac{b^2\pi^8}{18} + \frac{1}{2}, \quad D_1 = \frac{b\pi^4}{5} + \frac{b^2\pi^8}{50} + \frac{1}{2}, \quad D_2 = \frac{a^2}{8}, \quad D_3 = 0$$

$$D_{12} = D_{23} = 0, \quad D_{13} = \frac{8b^2\pi^8}{225}, \quad D_{123} = 0$$

$$(3\text{-}32)$$

由于 Ishigami 函数为非线性函数，无法确定其真实阶数，因此 PCE 展开阶数分别取 3 阶、5 阶、7 阶、9 阶。通过 IPCM 进行配点选取，得到的灵敏度指标，如表 3-10 所示。

表 3-10 Ishigami 函数在不同展开阶数下的灵敏度指标

指标	解析解	展开阶数							
		$d = 3$		$d = 5$		$d = 7$		$d = 9$	
		值	误差/%	值	误差/%	值	误差/%	值	误差/%
SI_1	0.3138	0.7659	144.1	0.4055	29.2	0.3139	0.0	0.3138	0.00
SI_2	0.4424	0.0872	80.3	0.3208	27.49	0.4433	0.20	0.4432	0.18
SI_3	0	0		0		0		0	
SI_{12}	0	0		0		0		0	
SI_{23}	0.2436	0.1469	39.70	0.2737	12.36	0.2428	0.33	0.2433	0.12
SI_{13}	0	0		0		0		0	
SI_{123}	0	0		0		0		0	
TSI_1	0.5574	0.9128	63.76	0.6792	21.85	0.5567	0.13	0.5571	0.05
TSI_2	0.4424	0.0872	80.29	0.3208	27.49	0.4433	0.20	0.4432	0.18
TSI_3	0.2436	0.1469	39.70	0.2737	12.36	0.2428	0.33	0.2433	0.12

由表 3-10 可知，PCE 展开为低阶时 ($d = 3, 5$)，X_1、X_2 的主效应指标和 X_2、X_3 之间的交互效应计算均不够准确。当展开阶数 $d \geqslant 7$ 时这些指标才逐渐收敛，所有灵敏度指标的误差均小于 0.2%。对于解析解为 0 的指标，不同展开阶数下的计算均较为准确。

根据式(3-26)，灵敏度指标可以根据输入变量 (X_1 X_2 X_3) 分解。以 $d=9$ 为例，X_1 的主效应灵敏度指标 SI_1 可分解为 $X_i^q (q = 1, 2, \cdots, 9)$ 的各自贡献，

分别为{0.1907，0，0.1202，0，0.0028，0，0，0，0}。观察非 0 项，对于 X_1，模型响应与 X_1 的关系为奇函数，其中占据主导地位的为线性项和立方项。同理，X_2 的主效应灵敏度指标 SI_2 可分解为{0，0.0250，0，0.2763，0，0.1339，0，0.008，0}，模型响应与 X_2 关系为偶函数，其中占据主导地位的为 4 次项和 6 次项。

综上，基于 PCE 的灵敏度分析法能够快速地计算不同展开阶数下，输入变量的效应占相应灵敏度指标的比例，从而确定起主导作用的输入变量阶数。

3. Sobol' 函数

考虑 Sobol' 函数，即

$$S = \prod_{i=1}^{q} \frac{|4X_i - 2| + a_i}{1 + a_i} \tag{3-33}$$

其中，输入变量 $X_i(i=1,2,\cdots,q)$ 在 [0,1] 上均匀分布。

Sobol' 指标的解析解[20]为

$$D = \prod_{i=1}^{q}(D_i + 1) - 1, \quad D_i = \frac{1}{3(1+a_i)^2}, \quad SI_{i_1 i_2 \cdots i_s} = \frac{1}{D}\prod_{i=1}^{S} D_i \tag{3-34}$$

我们选取 $a = [1,2,5,10,20,50,100,500]$，$q=8$。此时，Sobol' 函数为 8 阶，如果对其进行 8 变量 8 阶 PCE 展开，需要计算 12870 项，计算代价太高。因此，先取 PCE 展开阶数为 2 阶(展开项为 45 项)。由于变量太多，仅列出 MSI 和 TSI。$d=2$ 时 Sobol' 函数的灵敏度指标如表 3-11 和图 3-8 所示。

表 3-11 $d = 2$ 时 Sobol' 函数的灵敏度指标

灵敏度指标	解析解	PCE($d = 2$)
SI_1	0.6037	0.6263
SI_2	0.2683	0.2814
SI_3	0.0671	0.0711
SI_4	0.0200	0.0213
SI_5	0.0055	0.0062

续表

灵敏度指标	解析解	PCE($d = 2$)
SI_6	0.0009	0.0012
SI_7	0.0002	0.0006
SI_8	0.0000	0.0002
TSI_1	0.6342	0.6538
TSI_2	0.2945	0.3128
TSI_3	0.0756	0.0792
TSI_4	0.0227	0.0231
TSI_5	0.0062	0.0068
TSI_6	0.0011	0.0015
TSI_7	0.0003	0.0007
TSI_8	0.0000	0.0002

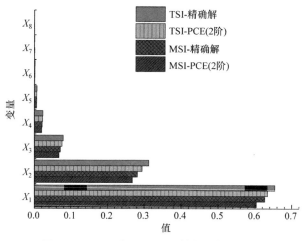

图 3-8　$d = 2$ 时 Sobol' 函数的灵敏度指标

由此可知，无论是从主效应指标还是总效应指标进行分析，对于输出响应产生主要影响的为前 4 个变量。因此，将后 4 个变量固定在其均值处（ $X_5 = X_6 = X_7 = X_8 = 0.5$ ），前 4 个变量仍然在[0,1]上均匀分布，从而得到简化模型。对于该简化模型，PCE 展开阶数分别取 3 阶、5 阶、7 阶，通过 IPCM 进行配点选取，得到的灵敏度指标如表 3-12 所示。其中，展开项 P

分别为 35、126、330。

表 3-12　4 参数时不同展开阶数下的灵敏度指标

指标	解析解	展开阶数					
		$d=3$		$d=5$		$d=7$	
		值	误差/%	值	误差/%	值	误差/%
SI_1	0.6037	0.6334	4.9	0.6144	1.8	0.6085	0.8
SI_2	0.2683	0.2778	3.5	0.2680	0.1	0.2683	0
SI_3	0.0671	0.0685	2.1	0.0657	2.1	0.0666	0.7
SI_4	0.0200	0.0203	1.5	0.0194	3.0	0.0198	1.0
TSI_1	0.6342	0.6334	1.3	0.6434	1.5	0.6412	1.0
TSI_2	0.2945	0.2778	5.7	0.2931	0.5	0.2967	0.7
TSI_3	0.0756	0.0685	9.4	0.0739	2.2	0.0756	0
TSI_4	0.0227	0.0203	10.6	0.0221	2.6	0.0225	0.9

由表 3-12 可知，与解析解相比，当 $d=3$ 时，计算得到的 MSI 和 TSI 具有 1 位精度，但是相对误差仍较大。当 $d \geqslant 5$ 时，灵敏度指标逐渐收敛到精确值，$d=5$ 时，MSI 和 TSI 的相对误差均小于 3%；$d=7$ 时，MSI 和 TSI 的相对误差均小于 1%。结果表明，该简化模型能够替代原有函数进行灵敏度分析，并保证计算精度。

对于 $d=5$ 和 $d=7$ 两种情况，计算成本分别为 171 次(45＋126)和 375 次(45＋330)，比起最初的 8 维 8 阶函数的 12870 次大大减少。因此，该方法能够在保证精度的前提下，大大减少灵敏度分析的计算成本。

该算例体现了基于 PCE 的灵敏度分析方法在优化设计中的优势，通过筛选对指标影响较小的不确定量并将其固定，从而实现降维，缩短优化设计的时间。

3.4　基于多项式混沌展开法的约束失效概率求解

求解约束的失效概率是基于可靠性优化设计的重点。最直接的方法是通过对约束的 PDF 在失效域上的积分计算失效概率，但面临的问题是很难直接获得约束的 PDF。本节将 PCE 法与 MEM 结合，直接求解约束的 PDF 在失效域的积分，完成失效概率的求解。

3.4.1　基本原理及拓展

MEM[21]可以根据功能函数的各阶矩(均值、方差、偏度、峰度和其他高阶矩)确定功能函数的 PDF。功能函数的各阶矩可以通过 PCE 法建立的功能函数的多项式推导得到，比起常用的统计分析法，无需额外选取样本点。在可靠性设计领域，Zhang 等[22]提出一种基于部分矩的 MEM 推导结构响应的 PDF；Dai 等[23]将最大熵方法与贝叶斯分析结合，应用到可靠性的不确定分析中；Ovalle 等[24]将 MEM 应用到电动汽车局部载荷的概率分布参数估计。

定义 Shannon 熵[21]为

$$H = -c\int_{-\infty}^{+\infty} f_x(x)\ln f_x(x)\mathrm{d}x \tag{3-35}$$

其中，$c \geq 0$ 为常数；$H \geq 0$。

Jaynes 最大熵的原理是在已知的矩约束条件下，所有可能的概率分布中存在一个使信息熵取极大值的分布。这样得到的概率分布是最小偏见的，可以更好地拟合功能函数的 PDF。

根据最大熵原理，考虑随机变量 x 前 m 阶原点矩 $V_{x_i}(i=1,2,\cdots,m)$ 的约束，使式(3-35)最大，可得

$$V_{x_i} = E(x^i) = \int_{-\infty}^{+\infty} x^i f_x(x)\mathrm{d}x, \quad i = 0,1,\cdots,m \tag{3-36}$$

利用拉格朗日乘子法，可得

$$L = -c\int_{-\infty}^{+\infty} f_x(x)\ln f_x(x)\mathrm{d}x + \sum_{i=0}^{m} \lambda_i\left[\int_{-\infty}^{+\infty} x^i f_x(x)\mathrm{d}x - V_{x_i}\right] \tag{3-37}$$

其中，$\lambda = [\lambda_0, \lambda_1, \cdots, \lambda_m]$ 为待定常数。

在极值点处，有 $\dfrac{\partial L}{\partial f_x(x)} = 0$，则

$$-c\int_{-\infty}^{+\infty}[\ln f_x(x)+1]\mathrm{d}x+\sum_{i=0}^{m}\lambda_i\left(\int_{-\infty}^{+\infty}x^i\mathrm{d}x\right)=\int_{-\infty}^{+\infty}-c[\ln f_x(x)+1]+\sum_{i=0}^{m}\lambda_i\int_{-\infty}^{+\infty}x^i\mathrm{d}x=0$$

$$(3\text{-}38)$$

化简可得

$$\ln f_x(x)+1-\frac{1}{c}\sum_{i=0}^{m}\lambda_i x^i=0 \qquad (3\text{-}39)$$

假设 $a_0=\dfrac{\lambda_0}{c}-1, a_1=\dfrac{\lambda_1}{c}, \cdots, a_m=\dfrac{\lambda_m}{c}$ ，可得

$$f_x(x)=\exp\left(\frac{1}{c}\sum_{i=0}^{m}\lambda_i x^i-1\right)=\exp\left(\sum_{i=0}^{m}a_i x^i\right) \qquad (3\text{-}40)$$

将式(3-40)代入式(3-36)，可以得到关于 $a=[a_0,a_1,\cdots,a_m]$ 的非线性方程组，通常采用随机变量前 4 阶原点矩求解，即

$$V_{x_i}=E(x^i)=\int_{-\infty}^{+\infty}x^i\exp\left(\sum_{i=0}^{m}a_i x^i\right)\mathrm{d}x, \quad i=0,1,\cdots,4 \qquad (3\text{-}41)$$

一般将式(3-41)转化为无约束优化问题求解，即

$$\min\sum_{i=0}^{4}w_i(V_{x_i}^*(a)-V_{x_i}) \qquad (3\text{-}42)$$

其中，w_i 为权系数；$V_{x_i}^*(a)$ 为计算的原点矩。

因此，$a=[a_0,a_1,\cdots,a_m]$ 可求解，随机变量 x 的 PDF 可由式(3-40)得到。

可以看到，使用 MEM 的前提需已知响应变量的前 4 阶原点矩。对于响应变量 Z，考虑多项式的正交性质，易得其前 4 阶中心矩。为了防止计算溢出，一般将 Z 标准化 $Y=(Z-\mu_Z)/\sigma_Z$，Z 的中心矩与 Y 的原点矩存在以下关系，即

$$E[(Z-\mu_Z)^i]=E[(\sigma_Z Y)^i]=\sigma_Z^i E(Y^i)=\sigma_Z^i V_{Y_i}, \quad i=0,1,\cdots,4 \qquad (3\text{-}43)$$

$$V_{Y_1}=\frac{E(Z-\mu_Z)}{\sigma_Z}=\frac{E(Z)-\mu_Z}{\sigma_Z}=0 \qquad (3\text{-}44)$$

$$V_{Y_2} = \frac{E[(Z-\mu_Z)^2]}{\sigma_Z^2} = \frac{\sigma_Z^2}{\sigma_Z^2} = 1 \tag{3-45}$$

$$V_{Y_3} = \frac{E[(Z-\mu_Z)^3]}{\sigma_Z^3} = \frac{1}{\sigma_Z^3}\sum_{i=1}^{P-1}\sum_{j=1}^{P-1}\sum_{k=1}^{P-1}E(\Psi_i\Psi_j\Psi_k)\alpha_i\alpha_j\alpha_k \tag{3-46}$$

$$V_{Y_4} = \frac{E[(Z-\mu_Z)^4]}{\sigma_Z^4} = \frac{1}{\sigma_Z^4}\sum_{i=1}^{P-1}\sum_{j=1}^{P-1}\sum_{k=1}^{P-1}\sum_{l=1}^{P-1}E(\Psi_i\Psi_j\Psi_k\Psi_l)\alpha_i\alpha_j\alpha_k\alpha_l \tag{3-47}$$

对于多个正交多维多项式乘积的期望，由式(3-6)和输入变量的相互独立性可得

$$\begin{aligned}E(\Psi_i\Psi_j\Psi_k) &= E\left(\prod_{t=1}^{n}\varphi_{i_t}\prod_{t=1}^{n}\varphi_{j_t}\prod_{t=1}^{n}\varphi_{k_t}\right)\\&= E[(\varphi_{i_1}\varphi_{j_1}\varphi_{k_1})(\varphi_{i_2}\varphi_{j_2}\varphi_{k_2})\cdots(\varphi_{i_n}\varphi_{j_n}\varphi_{k_n})]\\&= \prod_{t=1}^{n}E(\varphi_{i_t}\varphi_{j_t}\varphi_{k_t})\end{aligned} \tag{3-48}$$

$$\begin{aligned}E(\Psi_i\Psi_j\Psi_k\Psi_l) &= E\left(\prod_{t=1}^{n}\varphi_{i_t}\prod_{t=1}^{n}\varphi_{j_t}\prod_{t=1}^{n}\varphi_{k_t}\prod_{t=1}^{n}\varphi_{l_t}\right)\\&= E[(\varphi_{i_1}\varphi_{j_1}\varphi_{k_1}\varphi_{l_1})(\varphi_{i_2}\varphi_{j_2}\varphi_{k_2}\varphi_{l_2})\cdots(\varphi_{i_n}\varphi_{j_n}\varphi_{k_n}\varphi_{l_n})]\\&= \prod_{t=1}^{n}E(\varphi_{i_t}\varphi_{j_t}\varphi_{k_t}\varphi_{l_t})\end{aligned} \tag{3-49}$$

以 Hermite 多项式为例，同一输入变量的正交多项式乘积的期望，可由式(3-50)展开，即

$$\begin{aligned}E(\varphi_{i_t}\varphi_{j_t}\cdots\varphi_{l_t}) &= E(a_1\varepsilon_t^1 + a_2\varepsilon_t^2 + \cdots + a_m\varepsilon_t^m)\\&= a_1E(\varepsilon_t^1) + a_2E(\varepsilon_t^2) + \cdots + a_mE(\varepsilon_t^m)\end{aligned} \tag{3-50}$$

$$E(\varepsilon^b) = \begin{cases}0, & b\text{为奇数}\\(b-1)!!, & b\text{为偶数}\end{cases} \tag{3-51}$$

因此，当使用 PCE 法展开响应变量 Z 后，则可求得标准化后 Y 的前 4 阶原点矩。

综上，对于响应变量 Z，通过 Z 的 PCE 的系数和基底表达其前 4 阶

原点矩，再采用 MEM 求解 Z 的 PDF。其失效概率可通过 PDF 的积分得到，即

$$p_f = \Pr(Z \leqslant 0) = \Pr\left(Y \leqslant -\frac{\mu_Z}{\sigma_Z} \right) = \int_{-\infty}^{-\frac{\mu_Z}{\sigma_Z}} \exp\left(\sum_{i=0}^{4} a_i Y^i \right) \mathrm{d}Y \tag{3-52}$$

3.4.2　数值算例

1. MEM 求解随机分布的 PDF

为了验证 MEM 拟合概率分布函数的准确性，本书选取 3 个典型的随机分布进行拟合。

(1) 标准正态分布，即

$$f(x) = \frac{1}{\sqrt{2\pi}} \mathrm{e}^{-\frac{x^2}{2}}, \quad -\infty < x < +\infty \tag{3-53}$$

(2) 指数分布，即

$$f(x) = \begin{cases} \dfrac{1}{\theta} \mathrm{e}^{-\frac{x}{\theta}}, & x > 0 \\ 0, & x \leqslant 0 \end{cases} \tag{3-54}$$

这里取 $\theta = 1$。

(3) 极大值分布，即

$$f(x) = \frac{1}{\sigma} \mathrm{e}^{-\frac{x-\mu}{\sigma}} \exp(-\mathrm{e}^{-\frac{x-\mu}{\sigma}}) \tag{3-55}$$

这里取 $\mu = 0$、$\sigma = 1$。

此时，3 种典型分布的前 4 阶原点矩如表 3-13 所示。

表 3-13　3 种典型分布的前 4 阶原点矩

分布类型	1 阶原点矩	2 阶原点矩	3 阶原点矩	4 阶原点矩
标准正态分布	0	1	0	3
指数分布	1	2	6	24
极大值分布	0.5772	1.9781	5.4449	23.5615

MEM 得到的 PDF 系数如表 3-14 所示。

表 3-14　MEM 得到的 PDF 系数

分布类型	a_0	a_1	a_2	a_3	a_4
标准正态分布	−0.9189	0	−0.5000	0	0
指数分布	−1.1934	2.3411	−2.3504	0.5631	−0.0424
极大值分布	−0.9893	0.1348	−0.5650	0.1157	−0.0078

对于标准正态分布，拟合得到的 PDF 为

$$f_{\text{MEM}}(x) = e^{-0.9189 - 0.5x^2} = e^{-0.9189} e^{-\frac{x^2}{2}} = \frac{1}{\sqrt{2\pi}} e^{-\frac{x^2}{2}} \tag{3-56}$$

它与标准正态分布的概率函数完全一致。

对于指数分布和极大值分布，通过 MEM 计算得到的 PDF，无法通过比较系数判断拟合的精确程度。因此，本书通过绘制 PDF 曲线和 CDF 曲线，直观地比较 MEM 计算得到的分布和标准分布的差异，如图 3-9 和图 3-10 所示。

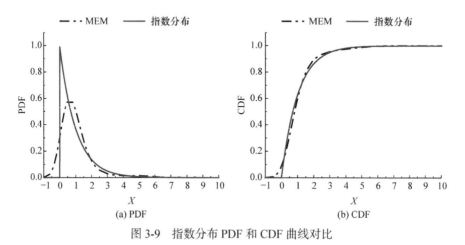

图 3-9　指数分布 PDF 和 CDF 曲线对比

对于指数分布，由于 PDF 为分段函数，MEM 拟合的概率密度曲线不够准确，尤其是在 $x = 0$ 附近，误差较大；累积密度曲线较为准确，与标准

分布的差异主要在 $x < 0$ 的范围内。

对于极大值分布，MEM 拟合的概率密度和累积密度曲线均相当准确，拟合效果较好。尤其是累积密度曲线，几乎与标准分布曲线完全重合。

综上，对于上述 3 种常用分布，除了指数分布的 PDF 曲线拟合不够准确，其余分布的 MEM 拟合效果均较好。

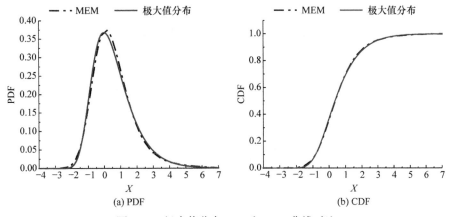

图 3-10　极大值分布 PDF 和 CDF 曲线对比

2. PCE 法和 MEM 结合求解响应的失效概率

以 3.2.2 节的 2 维 3 阶多项式函数为例，验证 3.4.2 节 PCE 法预报响应前 4 阶矩的精度。以 MC 法的计算结果为标准，PCE 展开阶数取 3 阶。计算响应的前 4 阶矩，结果如表 3-15 所示。

表 3-15　PCE 法和 MC 法求得的前 4 阶矩

项目	均值	标准差	偏态系数	峰度系数
3 阶 PCE 法	4682.30	4227.46	1.8803	8.6362
MC 法	4684.59	4231.60	1.8872	8.6841
误差/%	0.06	0.09	0.66	0.94

由表 3-15 可知，与 MC 法结果相比，响应的前 4 阶矩误差均在 1%以内。响应标准化后前 4 阶原点矩如表 3-16 所示。

表 3-16 响应标准化后前 4 阶原点矩

项目	1 阶	2 阶	3 阶	4 阶
3 阶 PCE	0	1	1.8803	8.6362

通过 MEM 对功能函数的 PDF 进行拟合，系数如表 3-17 所示。函数 Y_1 标准化后的 PDF 曲线如图 3-11 所示。

表 3-17 MEM 求得的 PDF 系数

a_0	a_1	a_2	a_3	a_4
−0.7082	−0.7611	−0.8524	0.3429	−0.0356

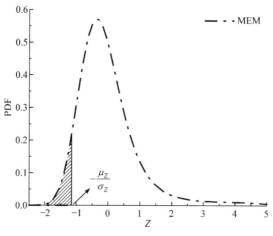

图 3-11 函数 Y_1 标准化后的 PDF 曲线

对上述 PDF 积分可得失效概率(阴影部分)，PCE 法和 MC 法求得的失效概率对比如表 3-18 所示。

表 3-18 PCE 法和 MC 法求得的失效概率对比

项目	PCE 法	MC 法	误差/%
失效概率 p_f	0.0647	0.0636	1.7

与 MC 法相比，MEM 计算失效概率误差为 1.7%，满足工程应用的要求。

3.5　改进的多项式混沌展开法在船舶算例中的应用

3.5.1　散货船优化设计算例

1. 优化问题描述

本节将上述方法应用到船舶不确定性优化设计实例中。考虑 Hannapel 等提出的散货船工程优化模型，对该模型分别进行确定性优化和不确定性优化。散货船优化模型如表 3-19 所示，其中 1kn = 1.852km/h。具体模型的计算公式见附录 B。

表 3-19　散货船优化模型

参数		值
设计变量	船长 L /m	$150 \leqslant L \leqslant 274.32$
	船宽 B /m	$20 \leqslant B \leqslant 32.31$
	型深 D /m	$13 \leqslant D \leqslant 25$
	吃水 T /m	$10 \leqslant T \leqslant 11.71$
	方形系数 C_B	$0.63 \leqslant C_B \leqslant 0.75$
	设计航速 V_k /kn	$14 \leqslant V_k \leqslant 20$
约束条件	船长宽比	$L/B \geqslant 6$
	船长型深比	$L/D \leqslant 15$
	船长吃水比	$L/T \leqslant 19$
	弗劳德数	$Fr \leqslant 0.32$
	载重量	$25000 \leqslant DW \leqslant 500000$
	吃水和载重量的实际约束	$T - 0.45 DW^{0.31} \leqslant 0$
	吃水和型深的实际约束	$T - 0.7D - 0.7 \leqslant 0$
	稳定性的实际约束	$0.07B - 0.35T - \dfrac{(0.085C_B - 0.002)B^2}{TC_B} + 1 + 0.25D \leqslant 0$
目标函数	货运费用 TC /(lb/a)	$TC = C_A / AC$

2. 散货船不确定性优化设计流程

图 3-12 所示为不确定性优化流程。

(1) 准备工作。确定原始模型 PCE 的最佳展开阶数，对不确定量进行灵敏度分析，并根据影响程度进行排序，固定影响较小的不确定量，对模型降维。对降维后的模型再次确定 PCE 的最佳展开阶数。

(2) 选取设计变量，确定每个设计变量的取值范围。

(3) 选取一组设计变量(散货船方案)，传入内层不确定分析模块。

(4) 根据 PCE 的最佳展开阶数、不确定量的维度和分布，使用 IPCM 对不确定量进行选点。

(5) 对目标、约束函数进行 PCE 展开。

(6) 根据设计需要，选择设计所需的不确定性优化类型，得到目标函数的均值和标准差、约束的失效概率，并传入外层优化的优化器。

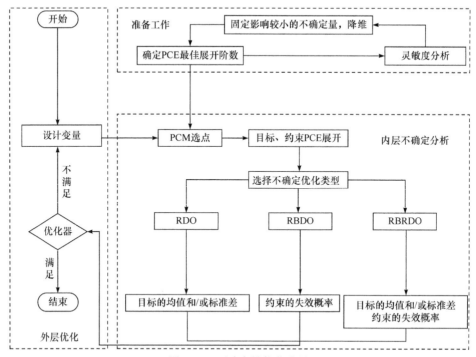

图 3-12　不确定性优化流程

(7) 优化器判断整个优化流程是否达到设定的迭代次数要求。如果代数符合要求，则结束不确定性优化流程；如果代数不符合要求，则再重新选取一组设计变量，重复步骤(3)~(6)。

3. 优化问题描述

1) 确定性优化

为了便于和不确定性优化的结果进行比较，本算例首先进行确定性优化(deterministic optimization，DO)。确定性优化采用多岛遗传算法，子群规模为 10，岛的个数为 10，遗传代数为 50。选取表 3-19 所示的设计变量、约束和目标函数。优化结果与初始方案如表 3-24 所示。

2) 不确定性优化

(1) 不确定量的选取。

在海上航行过程中，船舶功率保持不变。由于风和波浪的扰动，航船舶在波浪中的阻力增加，同时船舶运动更加剧烈，导致其实际航速减小，无法达到设计航速。同时，遇到危险海况，船员会人为地对船舶航速进行调节。因此，船舶的实际航速不是一个固定值，而是在设计航速附近波动的不确定量。通过监测航速在一段时间内的变化，考虑船速的不确定性，其表达式为

$$V_{\text{actual}} = V_k + Z \tag{3-57}$$

其中，V_{actual} 为实际航速；V_k 为设计航速；Z 为航速波动，服从均值为 0，标准差为 $0.1V_k$ 的正态分布。

散货船的钢料重量为

$$W_S = 0.034 L^{1.7} B^{0.7} D^{0.4} C_B^{0.5} \tag{3-58}$$

对于该散货船的工程优化模型，钢料重量的计算公式由实船数据统计回归得到。考虑实船数据的样本数量有限且回归方法未知，导致误差无法控制，回归得到的指数值无法准确地反映实际的工程情况。因此，计算公式的指数认为是不确定量。定义不确定量 X (均值为 1.7、标准差为 0.17

的正态分布)，Y(均值为 0.7、标准差为 0.07 的正态分布)，A(均值为 0.4、标准差为 0.04 的正态分布)和 B(均值为 0.5、标准差为 0.05 的正态分布)，可得

$$W_S = 0.034 L^X B^Y D^A C_B^{\ B} \tag{3-59}$$

(2) PCE 最佳展开阶数的确定。

对于确定性优化方案，考虑不确定量对约束和优化目标的影响，可以求得的 2 阶、3 阶、4 阶 PCE 展开的待定系数值，如图 3-13 所示。

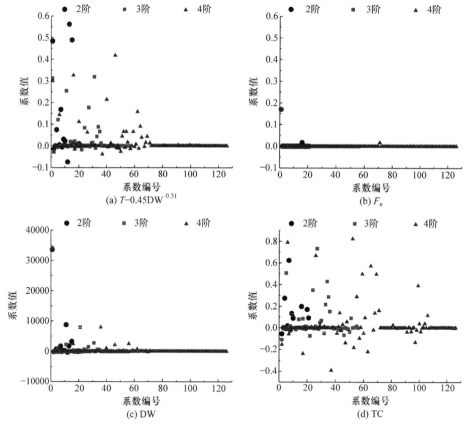

图 3-13　受不确定量影响的约束和优化目标系数值图

由此可知，对于 $T-0.45\mathrm{DW}^{0.31}$，编号 72 以后的待定系数几乎全部为 0，因此截断至 4 阶可满足其精度。对于 F_n，2、3、4 阶展开系数几乎完全

一样，2 阶可满足其精度。对于 DW，3 阶展开的系数已有大部分接近于 0，而编号 56 以后的系数(4 阶项)几乎全部接近于 0，因此 3 阶展开基本上可以满足其精度。对于 TC，从编号 107 的系数开始系数值接近于 0，因此 4 阶展开基本上满足其精度。综上，对于该算例，PCE 展开最佳阶数为 4 阶。

下面采用 PCE 法对目标和约束进行灵敏度分析，并将结果与传统 Sobol' 方法的结果进行对比。对 4 阶展开下求得的待定系数进行处理，可以得到目标和约束对 X、Y、Z、A、B 的灵敏度指标。如表 3-20 和图 3-14 所示，与传统的 Sobol' 方法相比，PCE 法求得的灵敏度指标与其十分接近，并且精度可以满足。

表 3-20　目标和约束的灵敏度指标

项目	$T-0.45\mathrm{DW}^{0.31}$		DW		F_n		TC	
	PCE	Sobol'	PCE	Sobol'	PCE	Sobol'	PCE	Sobol'
MSI_X	0.8692	0.8857	0.8842	0.8302	0	0	0.8507	0.8925
MSI_Y	0.0615	0.0637	0.0595	0.0582	0	0	0.0649	0.0712
MSI_Z	0.0002	0.0012	0.0002	0.0004	0.9999	0.9249	0.0023	0.0021
MSI_A	0.0136	0.0153	0.0128	0.0139	0	0	0.0148	0.151
MSI_B	0.0006	0.0005	0.0005	0.0005	0	0	0.0007	0.0006
TSI_X	0.9238	0.9159	0.9267	0.9451	0	0	0.9169	0.9237
TSI_Y	0.1060	0.1155	0.0945	0.1151	0	0	0.1180	0.1244
TSI_Z	0.0002	0.0003	0.0002	0.0002	0.9999	0.9249	0.0027	0.0031
TSI_A	0.0241	0.0230	0.0208	0.0314	0	0	0.0279	0.0293
TSI_B	0.0011	0.0020	0.0009	0.0012	0	0	0.0013	0.0021

根据 MSI 和 TSI 可以确定 5 个不确定量的相对重要程度，并给它们的排序。对于 $T-0.45\mathrm{DW}^{0.31}$、DW 和 TC，X、Y 占据主导作用，A 影响较小，其他变量的影响可以忽略；相反，对于 F_n，Z 几乎占据所有的影响，其他变量的作用可以忽略不计。该结果与 F_n 也是吻合的。对于所有的约束和目标，B 的 MSI 和 TSI 都接近于 0，可以忽略不计。综上，无论是从主效

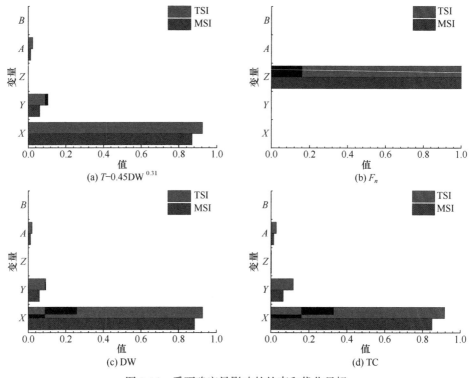

图 3-14　受不确定量影响的约束和优化目标

应指标还是总效应指标分析，对于目标和约束产生主要影响的是 X、Y、Z。因此，将 A、B 固定在其均值处，X、Y、Z 服从原有的分布，采用降维后的模型替代原有的模型进行分析。

对于降维后的 3 维不确定量模型，重新确定 PCE 最佳展开阶数，为 3 阶展开。在 3 个不确定量的影响下，采用 3 阶 PCE 展开(需要 20 个样本点)求解确定性优化最优方案的目标或约束均值、标准差，并与 MC 法(需要 100 个样本点)的结果对比，如表 3-21 所示。

表 3-21　考虑不确定量影响下的目标和约束

目标或约束		TC	$F_n - 0.32$	DW	$T - 0.45\mathrm{DW}^{0.31}$
	MC 法	10.06	0.1699	3.408×10^4	0.309
均值	PCE 法	10.13	0.1699	3.479×10^4	0.304
	误差/%	0.69	0	1.95	1.64

续表

目标或约束		TC	$F_n - 0.32$	DW	$T - 0.45\mathrm{DW}^{0.31}$
标准差	MC 法	4.21	0.017	8009	0.988
	PCE 法	4.29	0.017	7968	1.021
	误差/%	1.90	0	0.52	3.18

由表 3-21 可知，以 MC 法计算结果为标准，PCE 法在需要样本点远少于 MC 法的情况下，均值预报的误差均在 2%以内，标准差预报误差在 3.5%以内。由此可以看出 PCE 法计算效率上的优势，在计算精度上没有明显降低的情况下所需样本点的数量大大减少，节省计算成本。

继续对 PCE 系数进行处理，应用 MEM 求得确定性优化最优方案约束的 PDF，积分求得约束的失效概率。MC 法和 MEM 所求约束失效概率 p_f 如表 3-22 所示。

表 3-22　MC 法和 MEM 所求约束失效概率 p_f

约束	失效概率 p_f /%	
	MC 法	MEM
$F_n \leqslant 0.32$	0	0
$25000 \leqslant \mathrm{DW} \leqslant 500000$	47.0	45.2
$T - 0.45\mathrm{DW}^{0.31} \leqslant 0$	11.2	10.6

由表 3-22 可知，考虑不确定量的影响，确定性优化得到的最优方案会越过约束边界，部分约束的失效概率大于 0.1%，方案失效，因此在工程实际中考虑不确定因素是必要的。同时，MEM 求得的失效概率与 MC 法的结果十分接近，可以代替 MC 法求解失效概率。

(3) 不确定性优化参数设定。

RDO、RBDO、RBRDO 均采用 NSGA-II 算法，群体规模为 40，遗传代数为 40。不确定性优化设计变量、约束、优化目标如表 3-23 所示，其中

μ 为均值，σ 为标准差。将降维前的 5 维 4 阶(126 个样本点)PCE 模型和降维后的 3 维 3 阶(20 个样本点)PCE 模型，分别结合算法进行优化，并用 MC 法(100 个样本点)进行验证。其结果如表 3-24 所示。目标迭代过程如图 3-15～图 3-17 所示，其中 1lb = 0.453kg。

表 3-23　不确定性优化设计变量、约束、优化目标

项目	RDO	RBDO	RBRDO
设计变量		表 3-19 设计变量	
不确定量		$X: \mu_X = 1.7, \sigma_X = 0.1\mu_X$ $Y: \mu_Y = 0.7, \sigma_Y = 0.1\mu_Y$ $Z: \mu_Z = 0, \sigma_Z = 0.01V_k$	
约束	表 3-19 约束	$p_f(F_n \leqslant 0.32) \leqslant 1\%$ $p_f(25000 \leqslant \mathrm{DW} \leqslant 500000) \leqslant 1\%$ $p_f(T - 0.45\mathrm{DW}^{0.31} \leqslant 0) \leqslant 1\%$	
目标	$\min \mu(\mathrm{TC})/\sigma(\mathrm{TC})$	$\min \mathrm{TC}$	$\min \mu(\mathrm{TC})$，$\min \sigma(\mathrm{TC})$

表 3-24　优化结果对比

项目	初始	DO	RDO		
			PCE(5 维)	PCE(3 维)	MC(3 维)
$\mathrm{TC}/(\mathrm{lb/a})$	9.926	8.446	8.729	8.488	8.495
$\mu(\mathrm{TC})/(\mathrm{lb/a})$	—	10.130	9.906	9.788	9.800
$\sigma(\mathrm{TC})$	—	4.29	3.509	3.552	3.567
L/m	195.000	188.610	181.121	178.329	178.612
B/m	32.310	31.340	32.305	29.699	29.621
D/m	20.000	15.960	15.772	15.734	15.733
T/m	10.500	11.710	11.705	11.710	11.707
C_B	0.700	0.640	0.748	0.750	0.749
V_k/kn	16.000	14.210	14.425	14.002	14.010
$p_f(F_n \leqslant 0.32)$	—	0	0	0	0

续表

项目	初始	DO	RDO		
			PCE(5 维)	PCE(3 维)	MC(3 维)
$p_f(25000 \leqslant DW \leqslant 500000)$ /%	—	10.6	17.9	12.1	10.8
$p_f(T - 0.45DW^{0.31} \leqslant 0)$ /%	—	45.2	41.2	34.3	34.3

项目	RBDO			RBRDO		
	PCE(5 维)	PCE(3 维)	MC(3 维)	PCE(5 维)	PCE(3 维)	MC(3 维)
TC / (lb/a)	8.811	8.576	8.583	8.843	8.603	8.639
μ(TC) / (lb/a)	10.128	10.077	10.091	10.227	10.042	10.019
σ(TC)	4.237	4.128	4.147	4.229	4.088	4.077
L / m	205.357	197.358	197.873	200.666	195.025	191.701
B / m	32.310	32.309	32.253	31.420	32.299	31.786
D / m	15.719	14.521	14.529	15.784	14.518	14.316
T / m	10.769	10.859	10.854	11.460	10.831	10.704
C_B	0.747	0.749	0.750	0.745	0.749	0.750
V_k / kn	14.205	14.004	14.007	14.416	14.083	14.021
$p_f(F_n \leqslant 0.32)$	0	0	0	0	0	0
$p_f(25000 \leqslant DW \leqslant 500000)$ /%	0	0	0	0.6%	0.3%	0.1%
$p_f(T - 0.45DW^{0.31} \leqslant 0)$ /%	0	0	0	0.5%	0.4%	0.1%

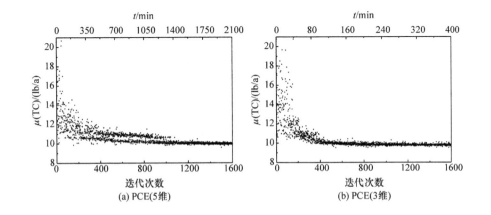

(a) PCE(5维) (b) PCE(3维)

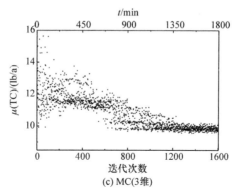

(c) MC(3维)

图 3-15　RDO 目标收敛图对比

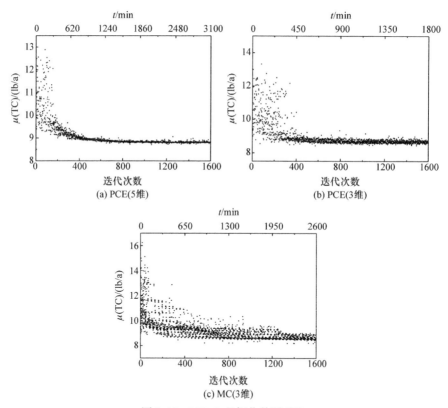

(a) PCE(5维)

(b) PCE(3维)

(c) MC(3维)

图 3-16　RBDO 目标收敛图对比

对于不确定性优化的最优方案，考虑优化目标 TC 在 X、Y、Z 单独波动下的影响。TC 受不确定量影响的波动变化图如图 3-18 所示。

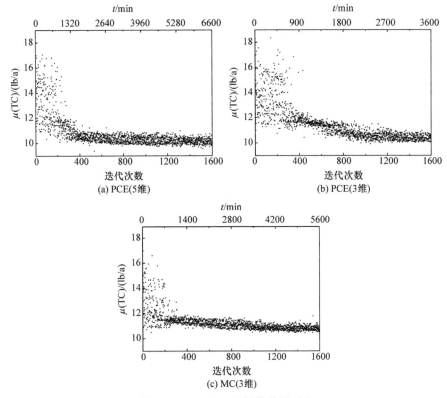

图 3-17　RBRDO 目标收敛图对比

4. 优化结果分析

由图 3-15～图 3-17 可知，对于 RDO 方案，5 维优化模型在第 900 代开始收敛，而 3 维优化模型在第 400 代开始收敛，降维后的模型优化收敛速度要快于原模型。对于 RBDO、RBRDO，降维后的模型收敛速度与原模型持平，甚至略慢。然而，从总时间看，模型由 5 维降到 3 维后，所需样本点也由 126 个降到 21 个样本点，因此降维后的模型完成 1600 代的时间均远小于降维前模型需要的时间，降维效果显著。同时，由表 3-24 可知，降维前后最优解的目标函数差距较小，三种方案降维后，最优方案的目标值仅比降维前高 1.2%，2.7%，1.8%。因为 A、B 的 TSI 很小，近似为无影响变量，因此固定 A、B 对最优解的影响极为有限，并没有导致最优解质量大幅度下降，降维后的模型可以代替原模型进行不确定性优化。

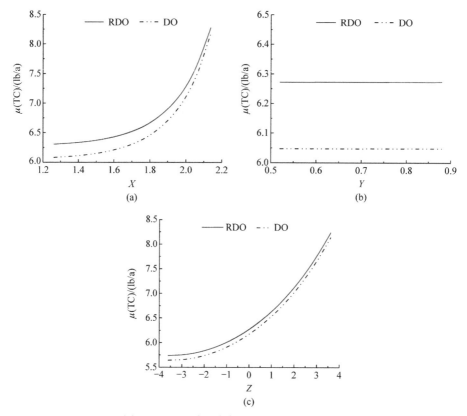

图 3-18　TC 受不确定量影响的波动变化图

如表 3-24 所示，同时给出了降维后 PCE 法和 MC 法求解的 RDO、RBDO 和 RBRDO 最优方案。两种方法所得的最优方案几乎完全一致，再次验证 PCE 法的可行性。然而，PCE 法在少样本情况下能保证精度的特点，由图 3-15～图 3-17 可知，PCE 法的 RDO 优化目标在迭代初期就向性能较优的方向移动，在 400 代时趋于收敛，完成 1600 代共耗时 400min，而 MC 法的优化目标收敛较慢，并且完成 1600 代共 1800min。类似地，对于 RBDO 方案，PCE 法的 RBDO 优化目标在 1800min 时完成 1600 代，而 MC 法完成相同代数需要 2600min；对于 RBRDO 方案，PCE 法优化目标在 3600min 时完成 1600 代，而 MC 法需要 5600min 才能完成。由此可以看出，PCE 法的优化时间较 MC 法明显降低，在工程中应用的优势明显。

以降维后 PCE 法的结果为例，3 种不确定性优化的最优方案的 TC 比初始方案分别降低 14.5%(RDO)、13.6%(RBDO)和 13.2%(RBRDO)，略逊于确定性优化降低的 14.9%。对于 RDO 最优方案，TC 的均值和标准差均小于 RBDO，这说明由不确定量波动导致目标值的波动较后者小，方案更稳健。对于 RBDO 方案，该方案的约束失效概率为 0，远远低于 RDO，方案的可靠度更高。

RBRDO 结合了 RDO 和 RBDO 的优点，TC 的均值和标准差小于 RBDO，可以保证方案的稳健性。同时，约束的失效概率全部小于 0.5%。这说明，RBRDO 也能够保证方案的可靠性。

此外，由图 3-18 可知，不确定量 X 取不同值时，3 种方案的 TC 均有不同程度的波动，并且 RDO 和 RBRDO 方案波动幅度明显小于 RBDO 方案，相对来说更为稳健；Y 的不同取值对 3 种方案的影响不大，在 Y 的取值范围内 TC 波动很小；Z 不同取值下 RBRDO 方案的 TC 波动幅度比其他两种要小得多，RBRDO 最优方案能在有效降低 TC 和保证方案不失效的同时，减小优化目标波动，甚至恶化。

3.5.2　标准船型 KCS 型线优化

1. KCS 船型描述

本节选取 ITTC 公布的标准船型之一 KRISO 集装箱船(KRISO container ship，KCS)作为研究对象。KCS 几何模型如图 3-19 所示。选取该船 EEDI 的均值和标准差为目标函数，IMO 对 EEDI 的要求为约束，考虑在不确定性影响下的性能表现。KCS 船型主尺度要素如表 3-25 所示。

图 3-19　KCS 几何模型

表 3-25　KCS 船型主尺度要素

项目	L_{pp}/m	B_{wl}/m	D/m	T/m	C_b	F_r
船模	7.2786	1.019	0.6013	0.3418	0.651	0.26
实船	230.0	32.2	19.0	10.8	0.651	0.26

2. EEDI 公式

根据 MEPC(Marine Environment Protection Committee，海洋环境保护委员会). 245(66)号决议，EEDI 公式[25]为

$$\text{EEDI} = \frac{E_{\text{ME}} + E_{\text{AE}} + E_{\text{PT}} + E_{\text{eff}}}{f_i \cdot \text{capacity} \cdot V_{\text{ser}} \cdot f_w} \tag{3-60}$$

$$E_{\text{ME}} = \left(\prod_{j=1}^{n} f_j \right) \left(\sum_{i=1}^{n\text{ME}} P_{\text{ME}(i)} \cdot C_{\text{FME}(i)} \cdot \text{SFC}_{\text{ME}(i)} \right)$$

$$E_{\text{AE}} = \sum_{i=1}^{n\text{ME}} P_{\text{AE}} \cdot C_{\text{FAE}} \cdot \text{SFC}_{\text{AE}}$$

$$E_{\text{PT}} = \left(\prod_{j=1}^{n} f_j \sum_{i=1}^{n\text{PTI}} P_{\text{PTI}(i)} - \sum_{i=1}^{n\text{eff}} f_{\text{eff}(i)} P_{\text{AEeff}(i)} \right) \cdot C_{\text{FME}} \cdot \text{SFC}_{\text{ME}} \tag{3-61}$$

$$E_{\text{eff}} = -\left(\sum_{i=1}^{n\text{eff}} f_{\text{eff}(i)} P_{\text{AEeff}(i)} \cdot C_{\text{FME}} \cdot \text{SFC}_{\text{ME}} \right)$$

其中，E_{ME}、E_{AE}、E_{PT}、E_{eff} 为主机、辅机、轴带设备、节能装置的CO_2排放量；SFC 为 75%额定功率下的燃油消耗(g/(kW·h))；P 为主机或者辅机的功率(kW)；capacity 为载重吨(t)；f_j 为特殊设计船舶的修正系数；f_i 为冰区加强船的修正系数；f_{eff} 为创新系数；f_w 为风浪修正系数。

对于 KCS 船型，EEDI 公式中的相关参数如表 3-26 所示。

表 3-26 EEDI 公式中的相关参数

参数	值	参数	值
P_{ME}	75%MCR_{ME}	SFC_{ME} / SFC_{AE}	200
P_{AE}	5%MCR_{ME}	f_i / f_j / f_w / f_{eff}	1
C_F	3.1144	P_{AEeff} / P_{PTI} / P_{eff}	0

其中，MCR_{ME} 为主机的额定功率。将表 3-26 的参数代入式(3-60)和式(3-61)，可以得到简化的 EEDI 公式，即

$$\text{EEDI} = \frac{E_{\text{ME}} + E_{\text{AE}}}{\text{capacity} \times V_{\text{ser}}}$$

$$= C_F \times \frac{P_{\mathrm{ME}} \times \mathrm{SFC}_{\mathrm{ME}} + P_{\mathrm{AE}} \times \mathrm{SFC}_{\mathrm{AE}}}{\mathrm{capacity} \times V_{\mathrm{ser}}}$$

$$= C_F \times \frac{\mathrm{SFC}(75\%\mathrm{MCR}_{\mathrm{ME}} + 5\%\mathrm{MCR}_{\mathrm{ME}})}{\mathrm{capacity} \times V_{\mathrm{ser}}}$$

$$= C_F \times \frac{0.8 \times \mathrm{SFC} \times R_T}{\mathrm{capacity} \times \mathrm{PC} \times 1.94 \times 10^3} \tag{3-62}$$

其中，R_T 为 KCS 的总阻力（N）；PC 为推进系数，根据 KCS 的实验值，这里选取 0.74。

对于载重吨，有

$$\mathrm{capacity} = \Delta - W_t = \rho \nabla - W_h - W_o - W_m \tag{3-63}$$

其中，W_t 为空船质量（t），可划分为船体重量 W_h、舾装重量 W_o 和机电重量 W_m。

根据该船型的统计数据[26]，W_h 和 W_o 可通过与主尺度相关的经验公式获得；W_m 可通过其功率估算得到。

3. 优化问题描述

1) 优化目标

DO 的目标是获得设计航速下($Fr = 0.26$)具有最小 EEDI 的最优船型，因此 DO 的目标是 EEDI 值；对于 RBRDO，除了提高目标的性能，还需要降低不确定性对目标的影响，因此 EEDI 的均值和标准差为目标函数，如表 3-27 所示。

表 3-27　DO 与 RBRDO 优化目标

项目	DO	RBRDO
目标函数	min EEDI	$\min \mu(\mathrm{EEDI}) / \sigma(\mathrm{EEDI})$

2) 设计变量

这里的船型变化采用基于径向基函数(radial basis function，RBF)插值的曲面变形方法[27]获得。对于 DO 和 RBRDO，两者均选取艏部的 6 个可变的控制点为设计变量，可变点和固定控制点的位置如图 3-20 所示。其中，可变点 1 沿 X、Z 方向变化，可变点 2～6 只沿 Y 方向变化。可变点 1 包含两个变量，分别为控制球鼻艏的长度参数和高度参数；可变点 2 控制球鼻艏的宽度参数；可变点 3、5 控制水线面进流角和进流段的形状；可变点 4、6 控制艉舱部形状。DO 与 RBRDO 设计变量如表 3-28 所示。

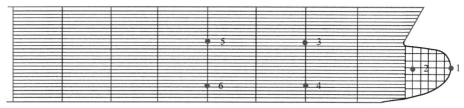

图 3-20　可变点和固定控制点的位置

表 3-28　DO 与 RBRDO 设计变量

设计变量	DO	RBRDO
X_1		[−0.03，0.02]
Z_1		[0.175，0.225]
Y_2		[0.055，0.09]
Y_3		[0.131，0.163]
Y_4		[0.079，0.129]
Y_5		[0.431，0.471]
Y_6		[0.32，0.37]

从船体光顺性和建造可行性的角度考虑，中心线、甲板边线、船底线，以及接近船舯的剖面上的控制点为固定点。

3) 约束条件

DO 的约束条件主要为几何约束，包括排水量(Δ)、浮心纵向位置(X_B)。DO 与 RBRDO 约束条件如表 3-29 所示。

表 3-29　DO 与 RBRDO 约束条件

约束条件	DO	RBRDO
Δ /m^3		最大变化 ± 0.5%
X_B /L_{pp}%		最大变化 ± 0.5%
可靠性约束		$P_f(\mathrm{EEDI} < \mathrm{EEDI}(I)) \leqslant 5\%$ (仅 RBRDO)

对于 RBRDO，除了几何约束，还需要对可靠性需求添加约束。对于

可靠性，为了满足 IMO 的能效要求，根据中国船级社出台的《绿色船舶规范》，船舶可分为 3 个等级，即 GreenShip Ⅰ、GreenShip Ⅱ、GreenShip Ⅲ，其中 GreenShip Ⅲ 为最高等级。不同的等级对应不同的 EEDI 要求，分别为 EEDI(Ⅰ)、EEDI(Ⅱ)、EEDI(Ⅲ)。船舶的 attained EEDI 应当小于等于该船舶对应的 required EEDI，即

$$\text{attained EEDI} \leqslant \text{required EEDI} = (1 - X / 100) \times \text{RLV} \tag{3-64}$$

其中，RLV 为船舶基准线值；X 为用于确定每一设计能效附加标志应满足的 required EEDI 的折减系数。

本节选取 EEDI(I)为 required EEDI。除此之外，本节 EEDI 指标为实船的 EEDI 值。

4) 不确定量选择

在实际船舶运营过程中，由于外界环境的干扰，船舶的航速和吃水不会保持恒定。随着国际海上人命安全公约(International Convention for Safety of Life at Sea，SOLAS)公约的实施，几乎所有船舶都配备了船舶自动识别系统(automatic identification system，AIS)，使船舶的动态位置和实时数据可以准确地显示在网络的电子海图上。通过观测固定航线上的船舶，航速和吃水大致满足

$$V_{\text{actual}} = V_k + v \tag{3-65}$$

$$T_{\text{actual}} = T + t \tag{3-66}$$

其中，V_{actual} 和 T_{actual} 为实际的航速和吃水；V_k 和 T 为设计航速和设计吃水；v 和 t 为航速和吃水波动(表 3-30)。

表 3-30　RBRDO 不确定量

不确定量	分布类型和参数
v	正态分布，$\mu = 0$、$\sigma = 0.1V_k$
t	正态分布，$\mu = 0$、$\sigma = 0.005T$

5) 优化算法

这里选取 PSO 算法进行优化。在优化过程中，粒子群大小为 60，迭代次数为 20。

6) 优化流程

船型优化流程如图 3-21 所示。

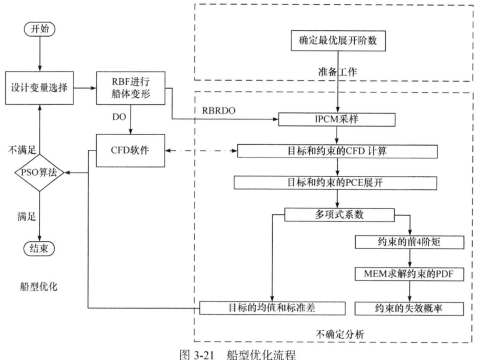

图 3-21　船型优化流程

(1) 确定设计变量及其范围。

(2) 根据顶层传入的变量，RBF 插值变形模块产生一个新的船型，传入优化模块。

(3) 选取优化类型，如果是 DO，则采用 CFD 工具求解船舶阻力，并采用式(3-62)求解 EEDI；反之，流程传入不确定分析模块。

(4) 进入不确定分析模块，采用 IPCM 对不确定量进行采样。

(5) 通过 PCE 法对目标和约束进行展开，求解得到多项式系数。

(6) 目标函数的均值和标准差通过求解系数得到，同时可靠约束的失效概率通过 MEM 得到，并将两者传入优化器。

(7) 优化器判别整个优化过程是否达到设定的迭代次数，如果达到，终止优化；如未达到，重复步骤(3)～(7)。

4. 优化结果及验证

RBRDO 选取 5 阶 PCE 展开式进行不确定分析，并通过 MC 法(100 样本点)进行验证。DO 和 RBRDO 的最优方案如表 3-31 所示。

表 3-31　DO 和 RBRDO 的最优方案

项目		初始	DO	RBRDO	
				PCE 法	MC 法
几何约束	$\lvert(\nabla-\nabla_0)/\nabla_0\rvert/\%$	—	0.43	0.02	0.09
	$\lvert(X_B-X_{B0})/X_{B0}\rvert/\%$	—	0.12	0.09	0.13
可靠性约束	$P_f(\text{EEDI}<\text{EEDI}(I))/\%$	21.5	18.6	4.8	4.9
目标	EEDI	14.70	14.35	14.42	14.39
	Reduction/%	—	−2.38	−1.90	−2.11
	$\mu(\text{EEDI})$	17.35	16.96	17.17	17.05
	Reduction/%	—	−2.25	−1.04	−1.73
	$\sigma(\text{EEDI})$	4.54	4.43	4.39	4.36
	Reduction/%	—	−2.42	−3.74	−3.96
计算时间/h			14	260	515
计算成本标准		采用 PSO 算法完成 20 代的时间			

可以看出，对于 RBRDO，PCE 法和 MC 法的结果十分接近，再次验证了采用 PCE 法进行 RBRDO 的可行性。同时，计算在同一工作站上进行，对于 DO，由于不需要不确定分析，因此该方法所用的时间最少；对于 RBRDO，由于 MC 法采用近似模型减小计算负担，而 PCE 法在求解失效概率时，却需要求解耗时的非线性方程组。即便如此，MC 法的总时间，包括样本的 CFD 计算时间和采用近似模型的优化时间，几乎仍是 PCE 法的 2 倍。

对于几何约束,所有的变化均小于 0.5%,表明所有最优方案的约束与初始船相比变化不大。对于可靠性约束,EEDI 的 PDF 曲线如图 3-22 所示。可以看出,EEDI(I)为约束边界,失效区域为约束 EEDI(I)(垂直于坐标横轴的点划线,见图 3-22)和坐标轴横轴与 PDF 曲线围成的区域直观地展示了 3 种方案的失效概率大小。其中,基于 PCE 法的 RBRDO(如无特别说明,本节中 RBRDO 均指基于 PCE 法的 RBRDO)方案有最小的区域面积,即最小的失效概率。由表 3-31 可知,若考虑不确定性的影响,初始方案和 DO 方案约束失效概率分别为 21.5%和 18.6%,超过失效标准(5%)导致方案的失效。这再次强调了可靠性分析的必要性。经过优化,RBRDO 方案的失效概率降低到 4.8%,可以大大提高船型方案的可靠性,使方案远离失效边界。

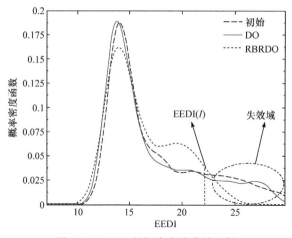

图 3-22　EEDI 的概率密度曲线比较

同时,与初始方案相比,DO 方案和 RBRDO 方案的 EEDI 分别降低 2.38%和 1.90%。虽然 RBRDO 方案的结果较确定性方案略差,但是 EEDI 的标准差降低了 3.74%,多于 DO 的 2.42%。因此,可以推断 RBRDO 方案对环境的不确定性有较高的适应性,也更为稳健。也就是说,在实际航行环境中,RBRDO 方案具有较小 EEDI 的同时,拥有更稳定的航行能力。

除此之外,从表 3-31 的结果也可以看出,与稳健性要求相比,RBRDO

方案的结果受可靠性要求的影响似乎更大。这是因为，本节的可靠性要求是强制满足的，并且设置的十分严格，需要将初始方案和 DO 方案的失效概率降低将近 15%，才能满足可靠性的约束($P_f \leqslant 5\%$)，因此 RBRDO 方案可靠性的提高比稳健性的提高更为明显。换句话说，如果将可靠性和稳健性要求均设置为目标函数，那么得到的 RBRDO 最优方案的稳健性会远远优于当前的 RBRDO 方案，但是这种情况下的可靠性虽然也会改善，但是其失效概率不会减少的那么明显(小于 5%)，因为 $P_f \leqslant 5\%$ 不再是强制性的约束了。综上，为了避免稳健性和可靠性之间的不平衡，如果需要更高的稳健性，那么就要放宽可靠性的约束。

如图 3-23 所示，DO 方案较 RBRDO 方案的型线变化更为明显。从横剖线图来看，对于 RBRDO 方案，除了艏部位置，其型线几乎与初始船完全一致。对于 DO 方案，在艏部接近基线的位置，有向外扩张的趋势；而在艏舯之间，DO 方案接近基线的位置有收缩的趋势而接近水线的部分继续扩张，进流角减小而进流段长度增加，有利于减少兴波阻力。

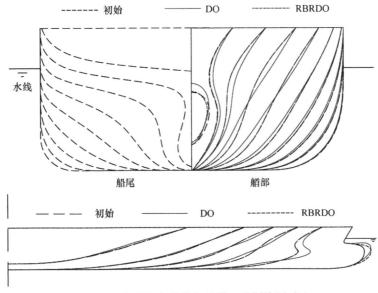

图 3-23　初始船与优化船的横、纵剖线图对比

同时，从纵剖线图来看，DO 方案和 RBRDO 方案的球鼻艏均有向前

向上延伸的趋势，此形状可使船舶在高速航行时有更好的兴波干扰。

如表 3-32 所示，两种方案的黏性阻力系数 C_V，包括摩擦阻力系数 C_F 和压差阻力系数 C_{PV}，减小的并不多，但是兴波阻力系数 C_W 分别降低 7.50% 和 6.61%，从而使总阻力系数 C_T 分别降低 1.26% 和 1.23%，进而降低 EEDI。

表 3-32　阻力系数变化量比较

方案	C_F	C_{PV}	C_W	C_T
DO	−0.07%	−0.50%	−7.50%	−1.26%
RBRDO	−0.26%	−0.31%	−6.61%	−1.23%

在设计航速下，初始方案与两种优化方案波形图和波切图如图 3-24 和图 3-25 所示。从图 3-24 可以看出，两种优化方案在设计航速下产生的波形范围均小于初始方案，并且 DO 方案与 RBRDO 方案相比，减小更为明显。同时，从图 3-25 可以看出，两种优化方案的波幅均较初始方案明显降低，两种方案的波峰和波谷几乎都小于初始方案，并且 RBRDO 方案的曲线在 DO 方案和初始方案的曲线之间，从而导致阻力适当减少。可以推断，当优化过程中考虑不确定变量的影响时，为了保证可靠性的要求和减少目标的波动，RBRDO 方案需要牺牲一部分性能来保证方案的稳健性和可靠性。

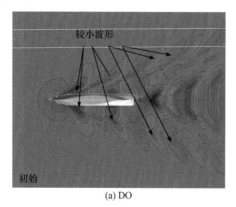
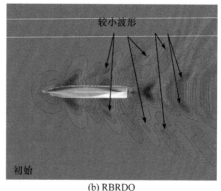

(a) DO　　　　　　　　　　　　　　(b) RBRDO

图 3-24　初始方案与两种优化方案波形图对比

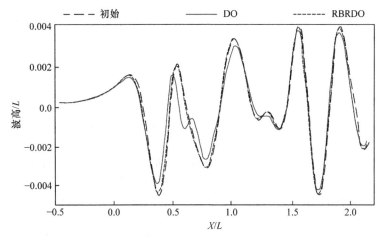

图 3-25   初始方案与两种优化方案波切图对比($Y/L = -0.169$)

如图 3-26 所示，微小的船型变化便可导致周围压力场的变化，船体表面的压力可以通过不同灰度的轮廓表示。对于 3 种方案，舯部附近的压力分布几乎完全一致，但是艏部区域却明显不同。两种优化方案中艏部的低压区明显较初始方案小。

图 3-26   初始方案和两种优化方案表面压力云图

综上，DO 方案的变化均明显大于 RBRDO 方案，从而使阻力减少的更为明显，最终得到更少的 EEDI。然而，对于 RBRDO 方案，正是由于船型没有过于剧烈的变化，其目标函数较 DO 方案有更小的波动，可靠性约束的失效概率也更小。

参 考 文 献

[1] Wan X, Karniadakis G E. Multi-element generalized polynomial chaos for arbitrary probability measures. SIAM Journal on Scientific Computing, 2006, 28: 901-928.

[2] Oladyshkin S, Class H, Helmig R, et al. A concept for datadriven uncertainty quantification and its

application to carbon dioxide storage in geological formations. Advances in Water Resources, 2011, 34: 1508-1518.

[3] Oladyshkin S, Nowak W. Data-driven uncertainty quantification using the arbitrary polynomial chaos expansion. Reliability Engineering & System Safety, 2012, 106: 179-190.

[4] Cameron R H, Martin W T. The orthogonal development of nonlinear functionals in series of Fourier-Hermite functionals. American Journal of Mathematics, 1947, 48: 385-392.

[5] Askey R, Wilson J A. Some basic hypergeometric orthogonal polynomials that generalize Jacobi polynomials. Memoirs of the American Mathematical Society, 1985, 54: 319.

[6] Shi L, Yang J, Zhang D, et al. Probabilistic collocation method for unconfined flow in heterogeneous media. Journal of Hydrology, 2009, 365(1): 4-10.

[7] Li W, Lu Z, Zhang D. Stochastic analysis of unsaturated flow with probabilistic collocation method. Water Resources Research, 2009, 45(8): 2263-2289.

[8] Huang S P, Jing P. Collocation based stochastic finite element method for reliability analysis of pile settlement. Chinese Journal of Computational Mechanics, 2011, 28: 189-193.

[9] Dianqing L, Zhou C, Chen Y, et al. Reliability analysis of slope using stochastic response surface method and code implementation. Chinese Journal of Rock Mechanics & Engineering, 2010, 29(8): 1513-1523.

[10] Kiureghian A D, Liu P. Structural reliability under incomplete probability information. Journal of Engineering Mechanics, 1986, 112(1): 85-104.

[11] Isukapalli S S. Uncertainty analysis of transport-transformation models. Dissertations & Theses-Gradworks, 1999, 57(1): 31-32.

[12] Jiang S H, Li D Q, Zhou C B. Optimal probabilistic collocation points for stochastic response surface method. Chinese Journal of Computational Mechanics, 2012, 9: 22-35.

[13] Sudret B. Global sensitivity analysis using polynomial chaos expansions. Reliability Engineering & System Safety, 2007, 93(7): 964-979.

[14] Deman G, Konakli K, Sudret B, et al. Using sparse polynomial chaos expansions for the global sensitivity analysis of groundwater lifetime expectancy in a multi-layered hydrogeological model. Reliability Engineering & System Safety, 2016, 147: 156-169.

[15] Fajraoui N, Ramasomanana F, Younes A, et al. Use of global sensitivity analysis and polynomial chaos expansion for interpretation of nonreactive transport experiments in laboratory-scale porous media. Water Resources Research, 2011, 47(2): 134-147.

[16] Younes A, Mara T A, Fajraoui N, et al. Use of global sensitivity analysis to help assess unsaturated soil hydraulic parameters. Vadose Zone Journal, 2013, 12: 1.

[17] Sochala P, Maître O P L. Polynomial chaos expansion for subsurface flows with uncertain soil parameters. Advances in Water Resources, 2013, 62(62): 139-154.

[18] Valentina C, Monica R, Francesco C, et al. Polynomial chaos expansion for global sensitivity analysis applied to a model of radionuclide migration in a randomly heterogeneous aquifer. Stochastic Environmental Research and Risk Assessment, 2013, 27(4): 945-954.

[19] Formaggia L, Imperiali I, Scotti A, et al. Global sensitivity analysis through polynomial chaos expansion of a; basin-scale geochemical compaction model. Computational Geosciences, 2013,

17(1): 25-42.

[20] Sobol I M. Theorems and examples on high dimensional model representation. Reliability Engineering & System Safety, 2003, 79(2): 187-193.

[21] Jaynes E T. Information theory and statistical mechanics. Physical Review, 1957, 106(4): 620-630.

[22] Zhang X, Pandey M D. Structural reliability analysis based on the concepts of entropy, fractional moment and dimensional reduction method. Structural Safety, 2013, 43(9): 28-40.

[23] Dai Y S, Xie M, Long Q, et al. Uncertainty analysis in software reliability modeling by Bayesian analysis with maximum-entropy principle. IEEE Transactions on Software Engineering, 2007, 33(11): 781-795.

[24] Ovalle A, Fernandez J, Hably A, et al. An electric vehicle load management application of the mixed strategist dynamics and the maximum entropy principle. IEEE Transactions on Industrial Electronics, 2016, 63(5): 3060-3071.

[25] IMO-MEPC. 2014 Guidelines on the method of calculation of the attained energy efficiency design index(EEDI) for new ships. https://www.imo.org/en/OurWork/Environment/Pages/Technical-and-Operational-Measures.aspx[2014-2-15].

[26] Cheng B, Pan W W. Ship Design Principle. Shanghai: Shanghai Jiao Tong University Press, 2007.

[27] 沈通, 冯佰威, 刘祖源, 等. 基于径向基函数插值的船体曲面修改方法研究. 中国造船, 2013, 54(4): 45-54.

第 4 章　认知不确定性的建模

认知不确定性的难点在于采用何种方法对其进行建模。本章主要对认知不确定性建模问题进行研究，对稀疏变量采用赤池信息准则识别其混合分布类型，并给出相应的权重，对区间变量采用证据理论进行表达，完成认知不确定性的建模。

4.1　稀疏变量的建模

对于稀疏变量，首先对待选的 6 个常见分布进行参数估计，然后采用赤池信息准则(Akaike information criterion, AIC)计算这 6 个分布的 AIC 值，以确定其权重，最后对 6 个分布组成的混合分布进行参数估计，确定其表达形式，完成稀疏变量的建模。

4.1.1　稀疏变量的权重确定

1. 待选分布参数确定

对于稀疏变量 Y，其 PDF 无法通过单一分布表示，一般采用权重系数和分布函数的组合[1]来表达。选取表 2-1 中 6 个常见的分布 ϑ_k $(k=1,2,\cdots,6)$ 作为待选的竞争分布。假设有关于 Y 的 m 个点数据 $y_i(i=1,2,\cdots,m)$ 和 n 个区间数据 $[a_j,b_j]$ $(j=1,2,\cdots,n)$，且所有数据都相互独立，则对于每个待选分布，有

$$L(\xi,\vartheta_k) \propto \left[\prod_{i=1}^{m} f_Y(y_i \mid \xi,\vartheta_k)\right]\left[\prod_{j=1}^{n}\left[F_Y(b_j \mid \xi,\vartheta_k) - F_Y(a_j \mid \xi,\vartheta_k)\right]\right] \quad (4\text{-}1)$$

通过使 $L(\xi,\vartheta_k)$ 最大化获得分布类型 ϑ_k 下 ξ 的 MLE。

2. 基于 AIC 的混合分布权重确定

AIC 是一个在统计分析领域，特别是在统计模型的选择中有着广泛应用的信息量准则，用来衡量统计模型的拟合优良性。通常情况下，AIC 是拟合精度和参数未知个数的加权函数，它定义为

$$\text{AIC}_k = 2\text{num}_k - 2\ln(L_{\max}(\xi \mid \vartheta_k)), \quad k = 1, 2, \cdots, 6 \tag{4-2}$$

其中，num_k 为待选分布 ϑ_k 中未知参数个数；$L_{\max}(\xi \mid \vartheta_k)$ 为分布 ϑ_k 的似然函数最大值。

在选择模型时，通常认为 AIC 最小值的模型为最佳模型。

采用 AIC 计算稀疏变量在给定分布类型 ϑ_k 中的信息损失量，根据信息损失量即可判断稀疏混合不确定变量最合适的分布类型。对于待选分布 ϑ_k，计算其 AIC_k 值 $(k = 1, 2, \cdots, 6)$。对于第 k 个分布，其估计的信息损失最小化概率 P_{ϑ_k} 为

$$P_{\vartheta_k} = \exp\left(\frac{\text{AIC}_{\min} - \text{AIC}_k}{2}\right) \tag{4-3}$$

选取 $P_{\vartheta_k} \geqslant 0.1$ 的分布表达稀疏变量 Y。选择的这些分布，其权重 w_k 与概率 P_{ϑ_k} 成正比，并且这些权重之和为 1，即

$$w_k = \frac{P_{\vartheta_k}}{\sum P_{\vartheta_k}} \tag{4-4}$$

4.1.2　稀疏变量的参数确定

确定 6 个竞争分布的权重后，稀疏变量的 PDF 为

$$f_Y(Y \mid \xi) = \sum w_k f_Y(Y \mid \xi, \vartheta_k) \tag{4-5}$$

其中，ϑ_k 为分布种类；w_k 为其对应权重；$f_Y(Y \mid \xi, \vartheta_k)$ 为分布类型为 ϑ_k 的 PDF。

$$L(\xi) \propto \left[\prod_{i=1}^{m} f_Y(y_i \mid \xi)\right] \left\{\prod_{j=1}^{n} \left[F_Y(b_j \mid \xi) - F_Y(a_j \mid \xi)\right]\right\} \tag{4-6}$$

通过最大化 $L(\xi)$ 计算所选分布类型的最佳分布参数 ξ^*。

4.1.3　算例

利用 2.4 节的算例进行深入研究，对于不确定参数(E_1,E_2,V_{21},G_{12},t)，假设其为稀疏变量，首先计算 5 个不确定参数分别满足 6 个待选分布的 AIC 值(表 4-1)。6 个待选分布的权重如表 4-2 所示。

表 4-1　6 个待选分布的 AIC 值

分布类型	E_1/GPa	E_2/GPa	V_{21}	G_{12}/GPa	t/mm
正态分布	45.36	6.45	−42.02	−0.18	−0.56
均匀分布	41.50	4.93	−43.93	−4.17	−4.99
指数分布	96.08	53.51	0.20	44.21	44.22
韦伯分布	46.71	7.53	−42.56	0.46	−2.95
极值分布	45.17	7.73	−39.45	0.24	2.41
对数正态分布	45.30	6.46	−41.78	−0.19	−0.26

表 4-2　6 个待选分布的权重

分布类型	E_1/GPa	E_2/GPa	V_{21}	G_{12}/GPa	t/mm
正态分布	0.095	0.191	0.164	0.092	0.069
均匀分布	0.655	0.407	0.428	0.675	0.630
指数分布	0.000	0.000	0.000	0.000	0.000
韦伯分布	0.048	0.111	0.216	0.067	0.226
极值分布	0.104	0.101	0.045	0.074	0.016
对数正态分布	0.098	0.190	0.146	0.092	0.059

完成权重计算后，求解表达稀疏变量混合分布的参数(表 4-3)。

从表 4-1 可以看出，对于 5 个不确定参数，均匀分布具有最小的 AIC 值。从表 4-2 可以看出，指数分布对混合分布的贡献几乎为 0。具体来说，对于 E_1，最佳拟合分布为均匀分布和极值分布；对于 E_2，最佳拟合分布为除了指数分布外的其他 5 种分布；对于 V_{21}，最佳拟合分布为正态分布、均匀分布、韦伯分布和对数正态分布；对于 G_{12}，最佳拟合分布为均匀分布；对于 t，最佳拟合分布为均匀分布和韦伯分布。

表 4-3　稀疏变量混合分布的参数

材料参数	分布参数	正态分布	均匀分布	指数分布	韦伯分布	极值分布	对数正态分布
E_1	a	130.23	126.90	130.62	131.96	133.72	5.53
	b	3.02	137.33	0.01	39.10	2.91	0.02
E_2	a	9.19	8.67	9.25	9.30	9.21	2.22
	b	0.21	9.73	0.11	32.15	0.20	0.03
V_{21}	a	0.33	0.30	0.32	0.33	0.34	−1.11
	b	0.01	0.35	3.09	40.00	0.01	0.02
G_{12}	a	5.12	4.85	5.13	5.11	5.11	1.63
	b	0.18	5.45	0.19	26.77	0.15	0.04
t	a	5.33	4.76	5.18	5.16	5.36	1.65
	b	0.16	5.33	0.19	30.95	0.18	0.04

4.2　区间变量的建模及传递

4.2.1　证据理论

证据理论是一种数学理论，它根据命题的已知证据(信息)，确定可信度和似真度，并衡量不确定性。这些度量可以用来定义概率的下限和上限(区间范围)，而不是为命题分配精确的概率。这在不确定性知识较少时是非常有用的。衡量可信度和似真度的信息或证据来源广泛，如实验数据、理论证据、专家对参数的可信程度或事件发生的看法等，并且证据可以通过组合规则相结合。

设 Ω 是表示所考虑系统的所有可能状态的通用集，其幂集 2^Ω 的元素可以表示与系统实际状态有关的命题。证据理论通过 BPA 函数 m：$2^\Omega \rightarrow [0,1]$将 m 函数分配给集合的每个元素，具有以下 3 个属性，即

$$m(A) \geqslant 0, \quad A \in 2^\Omega \tag{4-7}$$

$$m(\phi) = 0 \tag{4-8}$$

$$\sum_{A \in 2^\Omega} m(A) = 1 \tag{4-9}$$

$m(A)$ 称为 A 的基本可信数，其中 $m(A) \geqslant 0$ 的集合 A 叫做 m 的焦元。基

本可信数反映证据对 Ω 的某一元素属于集合 A 的支持程度，类似于 PDF。当存在多个区间变量，可以使用组合规则聚合多个 BPA 结构，这类似于概率论中的联合概率。例如，存在区间变量 Z_1 和 Z_2，则可以使用式(4-10)计算联合 BPA，即

$$S_Z(A_Z) = \begin{cases} S_{Z_1}(A_1)S_{Z_2}(A_2), & A_Z = A_1 \times A_2 \\ 0, & \text{其他} \end{cases} \tag{4-10}$$

4.2.2 区间变量的不确定度量

对于命题 A，由于缺乏足够的信息，对其信任程度的描述采用区间数远比单个概率值更准确，即采用 Bel 和 Pl 表示。Bel 和 Pl 组成的概率区间毫无遗漏地包含 A 所有可能的情况，因此 A 的真实概率分布介于上下界概率之间，即

$$\text{Bel} \leqslant P(A) \leqslant \text{Pl} \tag{4-11}$$

其中，A 的上下界概率之差为 $U = \text{Pl} - \text{Bel}$，表达认知不确定性的大小。

可信度和似真度如图 4-1 所示。

图 4-1　可信度和似真度

对于可信度，指的是完全支持命题 A 的证据的基本可信数之和；似真度是完全或者部分支持命题 A 的证据的基本可信数之和。这两个度量共同构成描述命题 A 不确定性的概率区间上下界，即

$$\text{Bel}(A) = \sum_{B|B \subseteq A} m(B) \tag{4-12}$$

$$\text{Pl}(A) = \sum_{B|B \cap A \neq \phi} m(B) \tag{4-13}$$

特别地，可信度和似真度在可靠性计算中显得尤为重要。由于强统计变量 X 和稀疏变量 Y 使用 PDF 表示，区间变量 Z 使用证据理论表示，因

此响应的不确定性无法通过确定的概率值量化，必须使用可信度和似真度来度量，类似于概率范围。根据证据理论，响应函数 g 的分布可以用累积可信函数(cumulative belief function，CBF)和累积似真函数(cumulative plausibility function，CPF)描述，定义为

$$CBF(a) = Bel\{g < a\} \tag{4-14}$$

$$CPF(a) = Pl\{g < a\} \tag{4-15}$$

其中，a 表示极限状态值；Bel 和 Pl 可通过可靠性分析法进行求解。

通过计算不同极限状态值 a 下的可信度和似真度，即可构造 CBF 和 CPF。

综上所述，证据理论为不确定性建模提供了更为普适性的方法，并且对不确定性的描述和处理可以随着信息的增多而不断接近概率论方法。这为混合不确定性的处理奠定了基础。

4.2.3　数值算例

为了解释证据理论下可信度和似真度的计算，选取单调系统性能函数，即

$$G = (x+y)^x \tag{4-16}$$

其中，x 和 y 均为证据变量。

x 和 y 的焦元及其 BPA 值如表 4-4 所示。

表 4-4　x 和 y 的焦元及其 BPA 值

x	BPA	y	BPA
[2,2.3]	0.35	[3.5,4]	0.42
[2.3,2.6]	0.40	[4,5]	0.42
[2.6,3]	0.25	[5,6]	0.16

根据表 4-4，可以求解得到响应 G 的所有焦元及其 BPA 值，如表 4-5 所示。

表 4-5　响应 G 的焦元及其 BPA 值

焦元	BPA	下限	上限
G_1	0.147	30.250	68.942
G_2	0.147	36.000	96.748
G_3	0.056	49.000	129.981
G_4	0.168	57.001	135.149
G_5	0.168	68.942	195.036
G_6	0.064	96.748	268.965
G_7	0.105	110.118	343.000
G_8	0.105	135.149	512.000
G_9	0.050	195.036	729.000

给定不同的极限值 a，可以利用式(4-12)、式(4-13)求解此时响应 G 的可信度和似真度，如图 4-2 所示。

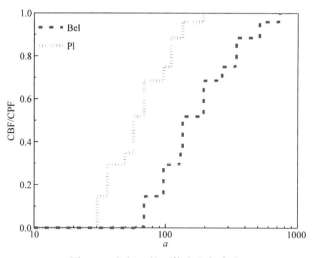

图 4-2　响应 G 的可信度和似真度

响应 G 的可信度和似真度分别为概率下界和上界，其实际概率分布介于两者之间。可信度和似真度构成的概率包络无遗漏地包含响应 G 的概率分布的所有可能。可信度和似真度反映响应 G 中认知不确定性的大小。输入参数认知不确定性的降低意味着可信度和似真度之间的差值将逐渐减小。若输入参数的认知不确定性为 0，可信度和似真度重合，此时只存在随机不确定性。

参 考 文 献

[1] Nannapaneni S, Hu Z, Mahadevan S. Uncertainty quantification in reliability estimation with limit state surrogates. Structural and Multidisciplinary Optimization, 2016, 54(6): 57-69.

第 5 章　混合不确定性的统一分析传递方法

如果设计者能获得足够多的可用信息，便可以确定不确定参数的精确 PDF，以保证不确定性分析的准确性。在许多情况下，变量的已知信息是有限的，使用概率法相当困难，而估计不确定参数的范围却相对容易。此时，非概率方法显示出巨大的优势，可以确定缺乏信息的不确定参数的表达形式。目前，概率法和非概率法的建模都取得了较大的进展，但是在某些情况下，随机和认知不确定性会同时存在，大多数学者尝试将多种类型的不确定性参数转换为同一种不确定性，再进行不确定性传递和分析。这种转化是不严谨的，可能导致结果出现较大的偏差。因此，如何在随机和认知不确定性的混合作用下对系统进行精确的不确定性分析传递，是一个值得深入讨论的问题。

5.1　基于证据理论的混合不确定性统一分析传递方法

证据理论作为非概率建模方法，在描述和处理不确定性时可以随着信息的增多不断接近概率方法，这为采用该方法进行混合不确定性的分析传递奠定了基础。因此，本节同时考虑强统计变量、稀疏变量和区间变量，基于证据理论推导混合不确定性下稳健性和可靠性的表达，完成混合不确定性的统一分析传递。

5.1.1　混合不确定性下可信度和似真度的计算

在混合不确定性的影响下，同时考虑强统计变量 X、稀疏变量 Y 和区间变量 Z，对响应函数 $g(X,Y,Z)$ 在失效域 $D\{g(X,Y,Z)<a\}$ 的可信度和似真度进行计算。

对于区间变量 Z，其分布函数包括 N_c 焦元，表示为 $c_k (1 \leqslant k \leqslant N_c)$。为

了获得失效的可信度和似真度，将 X 和 Y 固定在其期望处 $X=\overline{X}$ 和 $Y=\overline{Y}$，
计算此时的条件失效可信度为

$$\mathrm{Bel}(D\,|\,X=\overline{X},Y=\overline{Y})=\sum_{k=1}^{N_c}m(c_k)\delta_{\mathrm{Bel}}(c_k,\overline{X},\overline{Y}) \tag{5-1}$$

$$\delta_{\mathrm{Bel}}(c_k,\overline{X},\overline{Y})=\begin{cases}1, & Z\in c_k,\ g(\overline{X},\overline{Y},Z)<a\\0, & \text{其他}\end{cases} \tag{5-2}$$

对条件失效可信度进行积分，可以得到失效可信度，即

$$\begin{aligned}\mathrm{Bel}(D)&=\iint_{X\,Y}\rho(\overline{X})\rho(\overline{Y})\mathrm{Bel}(D\,|\,X=\overline{X},Y=\overline{Y})\mathrm{d}\overline{Y}\mathrm{d}\overline{X}\\&=\iint_{X\,Y}\rho(\overline{X})\rho(\overline{Y})\left[\sum_{k=1}^{N_c}m(c_k)\delta_{\mathrm{Bel}}(c_k,\overline{X},\overline{Y})\right]\mathrm{d}\overline{Y}\mathrm{d}\overline{X}\\&=\sum_{k=1}^{N_c}\left\{m(c_k)\left[\iint_{X\,Y}\rho(\overline{X})\rho(\overline{Y})\delta_{\mathrm{Bel}}(c_k,\overline{X},\overline{Y})\mathrm{d}\overline{Y}\mathrm{d}\overline{X}\right]\right\}\end{aligned} \tag{5-3}$$

记 $\mathrm{Bel}(c_k)=\iint_{X\,Y}\rho(\overline{X})\rho(\overline{Y})\delta_{\mathrm{Bel}}(c_k,\overline{X},\overline{Y})\mathrm{d}\overline{Y}\mathrm{d}\overline{X}$ 为焦元 c_k 的子可信度，表
示对强统计变量 X 和稀疏变量 Y 在其对应概率空间进行积分。对于该区域
的点 (X,Y)，区间变量 Z 在焦元 c_k 中取任意的值均有 $g(X,Y,Z)<a$，则
$\mathrm{Bel}(c_k)$ 可转化为

$$\begin{aligned}\mathrm{Bel}(c_k)&=\mathrm{Pr}\{X,Y\,|\,\forall Z\in c_k,g(X,Y,Z)<a\}\\&=\mathrm{Pr}\{g_{\max}(X,Y,Z)<a|Z\in c_k\}\end{aligned} \tag{5-4}$$

则失效可信度为

$$\mathrm{Bel}(D)=\sum_{k=1}^{N_c}m(c_k)\mathrm{Bel}(c_k) \tag{5-5}$$

同理，失效似真度为

$$\mathrm{Pl}(D)=\sum_{k=1}^{N_c}m(c_k)\mathrm{Pl}(c_k) \tag{5-6}$$

其中

$$\text{Pl}(c_k) = \text{Pr}\{X,Y \mid \exists Z \in c_k, g(X,Y,Z) < a\}$$
$$= \text{Pr}\{g_{\min}(X,Y,Z) < a \mid Z \in c_k\} \tag{5-7}$$

5.1.2 混合不确定性下的稳健性和可靠性表达

对于可靠性，约束函数 $g(X,Y,Z)$ 包含 3 种不确定量，其中 X 为强统计变量，由确定的单一概率分布表达；Y 为稀疏变量，由多个带权重的概率分布之和表达；Z 为区间变量，由多个焦元区间 $[\eta_j, \eta_{j+1}]$ （ j=1,2,$\cdots$,N_c ）及这些焦元对应的 BPA 值表达。

因此，失效概率为

$$p_f = \text{Pr}\{g(X,Y,Z) < a\}$$
$$= \sum_{j=1}^{N_c} \text{Pr}\{g(X,Y,Z) < a \mid Z \in [\eta_j, \eta_{j+1}]\} \text{Pr}\{Z \in [\eta_j, \eta_{j+1}]\}$$
$$= \sum_{j=1}^{N_c} p_{f-j} \text{Pr}\{Z \in [\eta_j, \eta_{j+1}]\} \tag{5-8}$$

其中，$p_{f-j} = \text{Pr}\{g(X,Y,Z) < a \mid Z \in [\eta_j, \eta_{j+1}]\}$ 。

令 p_{f-j}^L 和 p_{f-j}^U 分别表示 p_{f-j} 的最小值和最大值，为了减少计算成本，建立关于约束函数 g 的 Kriging 模型。采用抽样方法求解，$Z \in [\eta_j, \eta_{j+1}]$ 抽样 zn 个样本点，采用 Kriging 模型计算这些样本下的状态函数 g 。在每个 Z 的样本下，再次对 X 和 Y 进行抽样，可得到 g 的最小值和最大值，Min_{j-q} 和 Max_{j-q}（q=1,2,$\cdots$,zn）。因此，p_{f-j}^L 和 p_{f-j}^U 可表示为

$$p_{f-j}^L = \frac{\text{Num}(\text{Max}_{j-q} < a)}{zn} \tag{5-9}$$

$$p_{f-j}^U = \frac{\text{Num}(\text{Min}_{j-q} < a)}{zn} \tag{5-10}$$

计算得到 p_{f-j}^L 和 p_{f-j}^U 后，失效概率的可信度和似真度可表示为

$$\text{Bel}(g) = p_f^L = \sum_{j=1}^{N_c} p_{f-j}^L \text{Pr}\{Z \in [\eta_j, \eta_{j+1}]\} \tag{5-11}$$

$$\text{Pl}(g) = p_f^U = \sum_{j=1}^{N_c} p_{f-j}^U \Pr\{Z \in [\eta_j, \eta_{j+1}]\} \tag{5-12}$$

对于稳健性关注的响应的期望和标准差，在混合不确定性下略有区别。此时，响应函数 $f(X, Y(\xi), Z)$ 的期望 EV 也为区间 $[\text{EV}_{\min}, \text{EV}_{\max}]$

$$\begin{cases} \text{EV}_{\min} = \dfrac{1}{n_{XY}} \sum_{\eta=1}^{n_{XY}} \inf f_{\eta,w} \\[3mm] \text{EV}_{\max} = \dfrac{1}{n_{XY}} \sum_{\eta=1}^{n_{XY}} \sup f_{\eta,w} \end{cases} \tag{5-13}$$

其区间宽度为

$$\Delta \text{EV} = \text{EV}_{\max} - \text{EV}_{\min} \tag{5-14}$$

可以看出，当区间变量退化为随机变量时，$\Delta \text{EV} = 0$。

对于期望，类似地，定义响应函数 $f(X, Y(\xi), Z)$ 期望的区间中点为

$$\text{EV}_{\text{mid}} = \frac{1}{2}(\text{EV}_{\max} + \text{EV}_{\min}) \tag{5-15}$$

对于第 η 次抽样，$f(X, Y(\xi), Z)$ 的区间中点为

$$(f_\eta)_{\text{mid}} = \frac{1}{2}(\inf f_\eta + \sup f_\eta) \tag{5-16}$$

在每个 Z 的样本下，对 X 和 Y 进行 n_{XY} 次抽样时，定义所有 f_η 区间中点相对于 EV_{mid} 的均方差来表征 $f(X, Y(\xi), Z)$ 偏离程度

$$\text{STD} = \sqrt{\frac{1}{n_{XY}-1} \sum_{\eta=1}^{n_{XY}} [(g_\eta)_{\text{mid}} - \text{EV}_{\text{mid}}]^2} \tag{5-17}$$

5.1.3　基于证据理论的混合不确定性统一分析传递方法的计算流程

设强统计变量 X，用确定参数的 PDF 表示；稀疏变量 Y，各个概率分布的权重由 AIC 获得；分布参数 ξ 由 MLE 获得；区间变量 Z，由带有 BPA 值的若干个子区间表示。

对于可靠性，考虑 3 种不确定量的系统约束函数 $g(X, Y(\xi), Z)$，通过

采样方法，对每个区间 $Z \in [\eta_j, \eta_{j+1}]$，计算得到 g 的最小值和最大值，Min_{j-q} 和 Max_{j-q}，从而得到 p_{f-j}^L 和 p_{f-j}^U；再利用式(5-11)和式(5-12)得到约束失效概率的可信度和似真度。

同理，对于稳健性，对目标函数 $f(X, Y(\xi), Z)$，利用式(5-13)得到目标函数的上下限；再通过式(5-15)和式(5-17)获得稳健性要求的均值和标准差的指标，也就是目标函数的区间中点和半径。

5.1.4　数值算例

1. 数学函数

选取函数 M 验证基于证据理论的不确定性统一分析传递方法的有效性，即

$$M = (x + y)^z \tag{5-18}$$

其中，x 为强统计变量；y 为稀疏变量；z 为区间变量。

强统计变量 x 满足正态分布 $x \sim N(6, 0.5^2)$。稀疏变量 y 的点数据为 $\{3.8, 4.1, 5.7\}$，区间数据为[3.5,4]，[3.9,4.1]，[5,6]。区间变量 z 的区间及其对应 BPA 值如表 5-1 所示。

表 5-1　区间变量 z 的区间及其对应 BPA 值

项目	[2.00,2.15]	[2.15,2.30]	[2.30,2.50]	[2.50,2.60]	[2.60,2.85]	[2.85,3.00]
BPA	0.10	0.25	0.25	0.15	0.20	0.05

选取表 2-1 中的 6 个待选竞争分布类型 ϑ 用于识别 y 的分布参数 ξ。通过 MLE 求解分布的最优参数，结果如表 5-2 所示。稀疏变量 y 的 6 个待选分布和 1 个混合分布下的 PDF 曲线如图 5-1 所示。

表 5-2　待选分布的最优参数

分布类型	参数 ξ_1	参数 ξ_2	$\ln L_{\max}$	AIC	权重
正态分布	4.515	0.868	−12.771	29.542	0.024
均匀分布	3.500	6.000	−9.163	22.326	0.867
指数分布	4.515	0.221	−25.074	52.148	0.000

续表

分布类型	参数 ξ_1	参数 ξ_2	$\ln L_{max}$	AIC	权重
韦伯分布	4.884	5.578	−13.079	30.157	0.017
极值分布	4.109	0.651	−11.939	27.878	0.054
对数正态分布	1.490	0.187	−12.293	28.587	0.038

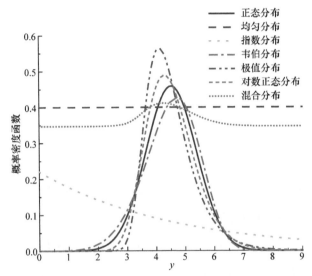

图 5-1　稀疏变量 y 的 6 个待选分布和 1 个混合分布下的 PDF 曲线

完成稀疏变量的建模后，采用基于证据理论的不确定性统一分析传递方法，分别考虑 3 种类型的不确定量，估计函数 M 的不确定性，并采用 MC 法的结果进行验证。计算不同可靠性极限 c 下的可信度和似真度，$M=(x+y)^z$ 的可信度和似真度曲线如图 5-2 所示。极限状态 $c=1000$ 时性能函数 M 的不确定性结果对比如表 5-3 所示。可以看出，与 MC 法的结果相比，基于证据理论的混合不确定性分析传递方法可以获得准确的不确定性分析结果。该方法的效果得到了初步的验证。

表 5-3　极限状态 $c=1000$ 时性能函数 M 的不确定性结果对比

项目	统一框架	MC 法	误差/%
可信度	0.896	0.875	2.4
似真度	0.976	0.982	0.6

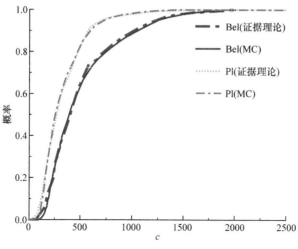

图 5-2　$M = (x + y)^z$ 的可信度和似真度曲线

2. 曲柄滑块机构

下面选取曲柄滑块机构验证基于证据理论的不确定性统一分析传递方法的有效性。该曲柄滑块机构如图 5-3 所示。曲柄的长度 x_1、连杆的长度 x_2 和外力 x_3 是强统计变量。强统计变量 X 如表 5-4 所示。连杆的材料杨氏模量 y_1 和屈服极限 y_2 为稀疏变量，y_1 的可用数据是点数据{195，200，204}(GPa)和区间数据[180,197]、[199,209]、[210,212](GPa)。y_2 的可用数据是点数据{280，290，298}(MPa)和区间数据 [270,282]、[288,292]、[299,313](MPa)。摩擦系数 z_1 和偏移量 z_2 是区间变量，它们的子区间和 BPA 如表 5-5 所示。连杆的内径 d_1 和外径 d_2 分别为 25mm 和 60mm。

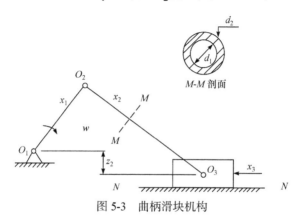

图 5-3　曲柄滑块机构

表 5-4　强统计变量 X

变量	均值	标准差	分布类型
x_1	100mm	0.01mm	正态分布
x_2	400mm	0.01mm	正态分布
x_3	250kN	25kN	正态分布

表 5-5　区间变量的子区间和 BPA

变量	区间	BPA 值
z_1	[100,120]	0.2
	[120,140]	0.4
	[140,150]	0.4
z_2	[0.15,0.18]	0.3
	[0.18,0.23]	0.3
	[0.23,0.25]	0.4

整个系统的功能函数为临界载荷与轴向载荷的差值，即

$$G(X,Y,Z) = \frac{\pi^3 y_1 (d_2^4 - d_1^4)}{64 x_2^2} - \frac{x_3(x_2 - x_1)}{\sqrt{(x_2 - x_1)^2 - z_2^2} - z_1 z_2} \tag{5-19}$$

通过计算 6 个待选分布的 AIC 值，得到杨氏模量 y_1，可以由正态分布、韦伯分布和极值分布之加权和表达。各分布的权重分别为 0.415、0.297 和 0.288。

失效域由 $F = \{X,Y,Z \mid G(X,Y,Z) < c\}$ 定义，其中 c 为极限状态值。采用基于证据理论的混合不确定性分析传递方法，计算不同可靠性极限 c 下的可信度和似真度，并与 MC 法的结果进行对比。不同极限状态值 c 下的功能函数 G 的可信度和似真度曲线如图 5-4 所示。

可以看出，在 $180 \leqslant c \leqslant 250$ 的范围内，本节提出的方法计算得到的功能函数 G 的可信度和似真度与 MC 法计算的结果几乎完全吻合，再一次验证了基于证据理论的混合不确定性统一分析传递方法的可行性。

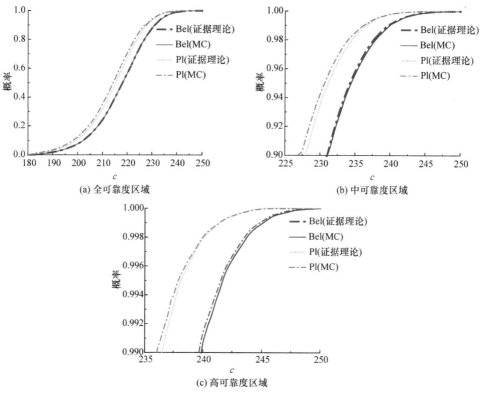

图 5-4　不同极限状态值 c 下的功能函数 G 的可信度和似真度曲线

5.2　基于任意多项式混沌展开法的混合不确定性统一分析传递方法

前面阐述了基于证据理论的混合不确定性统一分析传递方法。由其数值算例可知，无论响应函数为单调(M 函数)或非单调(曲柄滑块机构)，该方法都能对系统响应量进行不确定性分析传递，具有较好的适应性。但其缺点是，计算相当复杂，尤其是当变量维数和焦元个数增加时，计算量将快速增长，较高的计算成本仍然是阻碍其走向工程应用的难题。因此，本节基于 aPC 法完成随机和认知混合影响下的不确定性分析传递。

5.2.1　任意多项式混沌展开法

1. 基本原理

对于任意 PCE 法，考虑概率空间 (Ω, A, Γ)，Ω 为样本空间，A 为样本空间的可能性事件，Γ 为概率测度。若将模型表示为 $Z(\xi)$，输入 $\xi \in \Omega$，则有

$$Z(\xi) \approx \sum_{i=0}^{d} c_i P^{(i)}(\xi) \tag{5-20}$$

其中，d 为展开阶数，取值需要考虑计算成本和模型非线性程度之间的平衡；$\{P^{(0)}, P^{(1)}, \cdots, P^{(d)}\}$ 为正交多项式基底，在概率测度 Γ 内相互正交；$c_i(i = \overline{0,d})$ 决定 PCE 模型的形式。

正交多项式基底的正交性可写为

$$\int_{\xi \in \Omega} P^{(k)}(\xi) P^{(l)}(\xi) \mathrm{d}\Gamma(\xi) = \delta_{kl} \kappa_k \tag{5-21}$$

其中，δ_{kl} 为 Kronecker 函数；κ_k 为任意常数，代表多项式 $P^{(k)}$ 的范数，即

$$\kappa_k = \left\| P^{(k)}(\xi) \right\|^2 \tag{5-22}$$

当 $\kappa_k \equiv 1 (k = \overline{0,d})$ 时，正交多项式基底 $\{P^{(0)}, P^{(1)}, \cdots, P^{(d)}\}$ 正交。

与传统的 Wiener 混沌展开、广义混沌展开相比，aPC 可以在任意概率度量 Γ 下进行构造，因此可以求解任意概率度量 Γ 下的正交多项式基底 $\{P^{(0)}, P^{(1)}, \cdots, P^{(d)}\}$。对于所使用的度量 Γ，它可以是离散的、连续的概率度量，并且这些度量可以通过直方图、原始数据集表达，因此可以使用任何原始数据集估计 $\hat{\Gamma}$ 近似真实的概率度量，即

$$\Gamma \approx \hat{\Gamma} = \frac{1}{N} \sum_{i=1}^{N} \delta(\xi - \xi_i) \tag{5-23}$$

其中，ξ_i 为可用的数据集合；N 为数据集合中数据的个数；δ 为 Dirac 函数。

具体地，展开阶数为 d 时，确定任意概率测度 Γ 为正交多项式基底 $\{P^{(0)}, P^{(1)}, \cdots, P^{(d)}\}$。定义 k 阶多项式 $P^{(k)}(\xi)$，随机变量 $\xi \in \Omega$，则有

$$P^{(k)}(\xi) = \sum_{i=0}^{k} p_i^{(k)} \xi^i, \quad k = \overline{0,d} \tag{5-24}$$

其中，$p_i^{(k)}$ 是 $P^{(k)}(\xi)$ 的系数。

然后，将式(5-24)代入正交条件式(5-21)，将 $P^{(k)}$ 与比其阶数小的所有多项式 $P^{(l)}(l \leqslant k)$ 进行正交，即

$$\begin{cases} \displaystyle\int_{\xi \in \Omega} p_0^{(0)} \left(\sum_{i=0}^{k} p_i^{(k)} \xi^i \right) \mathrm{d}\Gamma(\xi) = 0 \\[2mm] \displaystyle\int_{\xi \in \Omega} \left(\sum_{i=0}^{1} p_i^{(1)} \xi^i \right) \left(\sum_{i=0}^{k} p_i^{(k)} \xi^i \right) \mathrm{d}\Gamma(\xi) = 0 \\[2mm] \qquad\qquad\qquad \vdots \\[2mm] \displaystyle\int_{\xi \in \Omega} \left(\sum_{i=0}^{k-1} p_i^{(k-1)} \xi^i \right) \left(\sum_{i=0}^{k} p_i^{(k)} \xi^i \right) \mathrm{d}\Gamma(\xi) = 0 \\[2mm] \displaystyle\int_{\xi \in \Omega} \left(\sum_{i=0}^{k} p_i^{(k)} \xi^i \right) \left(\sum_{i=0}^{k} p_i^{(k)} \xi^i \right) \mathrm{d}\Gamma(\xi) = \kappa_k \end{cases} \tag{5-25}$$

其中，κ_k 为范数。

求解上述封闭方程组即可求得唯一确定系数 $p_i^{(k)}$。对于第 1 个方程式，可分解为

$$\int_{\xi \in \Omega} p_0^{(0)} \left(\sum_{i=0}^{k} p_i^{(k)} \xi^i \right) \mathrm{d}\Gamma(\xi) = p_0^{(0)} \int_{\xi \in \Omega} \sum_{i=0}^{k} p_i^{(k)} \xi^i \mathrm{d}\Gamma(\xi) = 0 \tag{5-26}$$

由此可得

$$\int_{\xi \in \Omega} \sum_{i=0}^{k} p_i^{(k)} \xi^i \mathrm{d}\Gamma(\xi) = 0 \tag{5-27}$$

对于第 2 个方程，可分解为

$$\int_{\xi \in \Omega} \left(\sum_{i=0}^{1} p_i^{(1)} \xi^i \right) \left(\sum_{i=0}^{k} p_i^{(k)} \xi^i \right) \mathrm{d}\Gamma(\xi)$$

$$= \int_{\xi \in \Omega} \left(p_0^{(1)} \xi^0 + p_1^{(1)} \xi^1 \right) \left(\sum_{i=0}^{k} p_i^{(k)} \xi^i \right) \mathrm{d}\Gamma(\xi)$$

$$= p_0^{(1)} \int\limits_{\xi \in \Omega} \sum_{i=0}^{k} p_i^{(k)} \xi^i \mathrm{d}\Gamma(\xi) + p_1^{(1)} \int\limits_{\xi \in \Omega} \sum_{i=0}^{k} p_i^{(k)} \xi^{i+1} \mathrm{d}\Gamma(\xi)$$

$$= 0 \tag{5-28}$$

将式(5-27)代入，可得

$$\int\limits_{\xi \in \Omega} \sum_{i=0}^{k} p_i^{(k)} \xi^{i+1} \mathrm{d}\Gamma(\xi) = 0 \tag{5-29}$$

依此类推，将方程组各个方程依次分解，把第 $1 \sim k-1$ 个方程代入第 k 个方程中，即可将方程组改写为

$$\begin{cases} \int\limits_{\xi \in \Omega} \sum_{i=0}^{k} p_i^{(k)} \xi^i \mathrm{d}\Gamma(\xi) = 0 \\ \int\limits_{\xi \in \Omega} \sum_{i=0}^{k} p_i^{(k)} \xi^{i+1} \mathrm{d}\Gamma(\xi) = 0 \\ \quad\vdots \\ \int\limits_{\xi \in \Omega} \sum_{i=0}^{k} p_i^{(k)} \xi^{i+k-1} \mathrm{d}\Gamma(\xi) = 0 \\ \int\limits_{\xi \in \Omega} \sum_{i=0}^{k} p_i^{(k)} \xi^{i+k} \mathrm{d}\Gamma(\xi) = \dfrac{\kappa_k}{p_k^{(k)}} \end{cases} \tag{5-30}$$

值得注意的是，若随机变量的原点矩为

$$\mu_k = \int\limits_{\xi \in \Omega} \xi^k \mathrm{d}\Gamma(\xi) \tag{5-31}$$

则方程组可改写成只包含随机变量矩信息的形式，即

$$\begin{cases} \sum_{i=0}^{k} p_i^{(k)} \mu_i = 0 \\ \sum_{i=0}^{k} p_i^{(k)} \mu_{i+1} = 0 \\ \quad\vdots \\ \sum_{i=0}^{k} p_i^{(k)} \mu_{i+k-1} = 0 \\ \sum_{i=0}^{k} p_i^{(k)} \mu_{i+k} = \dfrac{\kappa_k}{p_k^{(k)}} \end{cases} \tag{5-32}$$

为了计算方便，将式(5-32)写成矩阵形式，即

$$
\begin{bmatrix}
\mu_0 & \mu_1 & \cdots & \mu_k \\
\mu_1 & \mu_2 & \cdots & \mu_{k+1} \\
\vdots & \vdots & & \vdots \\
\mu_{k-1} & \mu_k & \cdots & \mu_{2k-1} \\
\mu_k & \mu_{k+1} & \cdots & \mu_{2k}
\end{bmatrix}
\begin{bmatrix}
p_0^{(k)} \\
p_1^{(k)} \\
\vdots \\
p_{k-1}^{(k)} \\
p_k^{(k)}
\end{bmatrix}
=
\begin{bmatrix}
0 \\
0 \\
\vdots \\
0 \\
\dfrac{\kappa_k}{p_k^{(k)}}
\end{bmatrix}
\tag{5-33}
$$

对于式(5-33)等式左侧的矩阵，称为统计矩的 Hankel 矩阵。Bruce[1]研究了其行列式的性质，当且仅当矩的 Hankel 矩阵不是奇异矩阵时，d 阶的正交多项式基底才可以以任何随机概率测度 Γ 进行构造。

将方程组线性化，取 $p_k^{(k)} = 1$，则式(5-33)转化为

$$
\begin{bmatrix}
\mu_0 & \mu_1 & \cdots & \mu_k \\
\mu_1 & \mu_2 & \cdots & \mu_{k+1} \\
\vdots & \vdots & & \vdots \\
\mu_{k-1} & \mu_k & \cdots & \mu_{2k-1} \\
0 & 0 & \cdots & 1
\end{bmatrix}
\begin{bmatrix}
p_0^{(k)} \\
p_1^{(k)} \\
\vdots \\
p_{k-1}^{(k)} \\
p_k^{(k)}
\end{bmatrix}
=
\begin{bmatrix}
0 \\
0 \\
\vdots \\
0 \\
1
\end{bmatrix}
\tag{5-34}
$$

其中

$$
\mu_l = \int_{\xi_i} (\xi_i)^l \, \mathrm{d}\Gamma(\xi_i), \quad l = 0, 1, \cdots, d
\tag{5-35}
$$

将式(5-34)分解为

$$
M = \begin{bmatrix} H & B \\ C & D \end{bmatrix}
\tag{5-36}
$$

其中，$H = \begin{bmatrix} \mu_0 & \cdots & \mu_{k-1} \\ \vdots & & \vdots \\ \mu_{k-1} & \cdots & \mu_{2k-2} \end{bmatrix}$；$B = \begin{bmatrix} \mu_k \\ \vdots \\ \mu_{2k-1} \end{bmatrix}$；$C = \begin{bmatrix} 0 & \cdots & 0 \end{bmatrix}$；$D = 1$。

为了保证转化后的式(5-34)可以构造正交多项式基底，则矩阵 M 为非奇异矩阵。

显然，D 是可逆的，因此根据分块矩阵行列式的求解，M 的行列式为

$$\det(M) = \det(D)\det(H - BD^{-1}C) \tag{5-37}$$

因为 $\det(D) = 1$，且 $C = \begin{bmatrix} 0 & \cdots & 0 \end{bmatrix}$，可得

$$\det(M) = \det(H) \tag{5-38}$$

矩阵 H 为 Hankel 矩阵。Karlin[2]的研究表明，当矩阵 H 的秩 $\mathrm{Rank}(H) = k$ 时，当且仅当关于 ξ 的分布样本点数目 $N \leqslant k$，行列式 $\det(H)$ 才为零。因此，当且仅当关于 ξ 的分布样本点数目 $N > k$，且 $0 \sim 2k - 2$ 阶的统计矩都是确定的，M 为非奇异矩阵。

最终，将正交多项式标准化，即可得到该概率测度 Γ 下的正交多项式基底 $\{\varphi^k(\xi)\}$，$k = \overline{0,d}$，即

$$\varphi^{(k)}(\xi) = \frac{1}{\left\| P^{(k)} \right\|} \sum_{i=0}^{k} p_i^{(k)} \xi^i \tag{5-39}$$

综上所述，通过变量的原始统计矩，可以构造统计矩的 Hankel 矩阵，求解正交多项式基底，最终构建 PCE 模型。因此，确定的统计矩是构建正交多项式基底的充要条件。为了方便后续程序编写和计算，本书对表 2-1 中的 6 个待选分布的原点矩进行推导，见附录 A。

2. gPC 和 aPC 的比较

下面将本节提出的 aPC 法与传统的 gPC 法进行对比。选取简单的非线性函数，即

$$Y_4 = \xi^6 \tag{5-40}$$

其中，ξ 满足卡方分布。

该分布不属于 Askey 族，若采用 gPC，则需要将随机变量 ξ 进行转换。因此，本书采取两种 PCE 建模方法：一种是 gPC，将 ξ 转化为正态分布，采用 Hermite 多项式进行 PCE 建模；另一种是根据卡方分布，直接求解其高阶统计矩，采用 aPC 直接得到最优正交多项式，并进行 PCE 建模。最后

将两种方法的结果与精确解进行比较，判断两种方法的精度。

对于 gPC 模型，求解 d 阶展开的配点为 $d+1$ 阶 Hermite 多项式的根。事实上，真实的配点应该为不参与任何转化的与 ξ 正交的最优多项式的根。

如图 5-5 所示，转化后多项式的根较最优多项式的根发生移动，因此不能作为数值积分的最优选择，并且强非线性的转化过程会导致 PCE 法的结果误差较大。理论上，当展开阶数为真实阶数时，PCE 模型的结果应该与精确解一致。从图 5-6 可以看出，与精确解相比，6 阶展开的最优多项式的结果与其完全一致。相反，转化后的 Hermite 多项式即使展开阶数达到 6 阶，由于采用非最优的高斯积分点进行求解，结果并没有收敛到精确解。

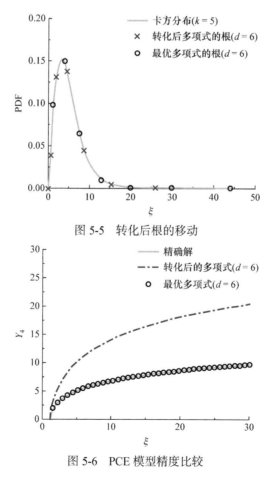

图 5-5　转化后根的移动

图 5-6　PCE 模型精度比较

可以看出，aPC 在处理非 Askey 族分布的 PCE 建模时，无需对变量进行转化，其结果较传统的 gPC 更为精确，应用范围更广。

5.2.2　Metropolis-Hasting 采样

由第 3 章可知，求解 PCE 模型系数时，需要对不确定变量采样，通过回归法求解系数。对于强统计变量 X，它具有确定参数的单一分布表达，因此可以直接采用 MC 法或 PCM 采样。对于稀疏变量 Y，其由多个带权重的分布之和表达，传统的采样方法很难对其采样。因此，本节采用 Metropolis-Hasting(M-H) 采样法对稀疏变量 Y 进行采样。该方法作为马尔可夫链蒙特卡罗 (Markov chain Monte Carlo，MCMC) 采样方法的一种，在机器学习、深度学习，以及自然语言处理等领域都有广泛的应用。

1. MCMC 采样

MCMC 采样方法由两个 MC 法组成。对于第一个 MC 法，若 $f(x)$ 在 $[a,b]$ 积分 (图 5-7)，简单的方法是在 $[a,b]$ 之间取点 $x_0, x_1, \cdots, x_n$，x 的 PDF 为 $\rho(x)$，则定积分可改为

$$I = \int_a^b f(x)\mathrm{d}x = \int_a^b \frac{f(x)}{p(x)} p(x)\mathrm{d}x \approx \frac{1}{n}\sum_{i=1}^n \frac{f(x_i)}{p(x_i)} \tag{5-41}$$

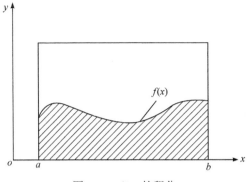

图 5-7　$f(x)$ 的积分

对于 x 对应分布的样本，若 x 满足常见的分布，传统的采样方法可以很方便地获得其样本集。对不常见的分布，一个可行的方法是采用接受-拒

绝的方法获得该分布的样本。对于复杂的 $p(x)$ ，选取一个常见的概率密度函数 $q(x)$ ，以及常数 k ，使 $p(x)$ 始终在 $kq(x)$ 下方。接受-拒绝采样示意图如图 5-8 所示。

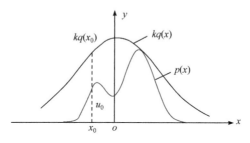

图 5-8　接受-拒绝采样示意图

首先，对 $q(x)$ 采样得到样本 x_0 ，从均匀分布 $[0, kq(x_0)]$ 得到一个采样值 u_0 。若 u_0 落在了两个曲线之间，则拒绝这次抽样；反之，接受，重复上述步骤，直至得到 n 个样本点 $x_0, x_1, \cdots, x_n$ 。

然而，接受-拒绝采样也只能满足部分需求，例如对于一些高维复杂的非常见分布，要找到一个合适的 $q(x)$ 和 k 非常困难，采样所需的样本量(或者说接受的概率)随着空间维数的增加而呈指数增长。因此，引入马尔可夫链解决这个问题。

马尔可夫链假设某一时刻状态转移的概率只依赖它的前一个状态。马尔可夫链模型通过状态转移矩阵收敛到最终的稳定概率分布，与初始状态概率分布无关，由此得到该模型最终稳定概率分布对应的状态转移矩阵，就可以从任意的概率分布样本开始，代入状态转移矩阵，经过一些序列的转换得到符合对应稳定概率分布的样本。

对于一个非周期的马尔可夫链，如果它具有状态转移矩阵 P ，且其任意两个状态都是连通的，即从任意一个状态可以通过有限次数的转移到达其他的任意一个状态，不会出现条件概率一直为 0 而不可达的情况。

若 $\lim_{n \to \infty} P_{ij}^n$ 与 i 无关，记 $\lim_{n \to \infty} P_{ij}^n = \pi(j)$ ，则有

$$P = \begin{bmatrix} \pi(1) & \pi(2) & \cdots & \pi(j) & \cdots \\ \pi(1) & \pi(2) & \cdots & \pi(j) & \cdots \\ \vdots & \vdots & & \vdots & \\ \pi(1) & \pi(2) & \cdots & \pi(j) & \cdots \\ \vdots & \vdots & & \vdots & \end{bmatrix} \tag{5-42}$$

$$\pi(j) = \sum_{i=0}^{\infty} \pi(i) P_{ij} \tag{5-43}$$

并且 π 是 $\pi P = \pi$ 的唯一非负解，其中 $\pi = [\pi(1), \pi(2), \cdots, \pi(j), \cdots]$ 且 $\sum_{i=0}^{\infty} \pi(i) = 1$。$\pi$ 为该模型最终的平稳分布。

综上，如果得到某个平稳分布对应的马尔可夫链状态转移矩阵，就很容易采样得到这个平稳分布的样本集。马尔可夫链的收敛性质主要由转移矩阵 P 决定，所以如何构造转移矩阵 P，使平稳分布恰好是需要的分布 $\pi(x)$ 是关键问题。然后，确定马尔可夫链状态转移矩阵。对于马尔可夫链，它满足细致平稳条件，即状态转移矩阵 P 和分布 $\pi(x)$ 满足

$$\pi(i) P(i, j) = \pi(j) P(j, i) \tag{5-44}$$

则

$$\sum_{i=0}^{\infty} \pi(i) P(i, j) = \sum_{i=0}^{\infty} \pi(j) P(j, i) = \pi(j) \sum_{i=0}^{\infty} P(j, i) = \pi(j) \tag{5-45}$$

写成矩阵形式，即

$$\pi P = \pi \tag{5-46}$$

由式(5-46)可以看出，求解状态转移矩阵 P 可以转化为寻找使概率分布 $\pi(x)$ 满足细致平稳条件的矩阵。但是，该条件较为苛刻，随机寻找一个矩阵 Q，常常无法满足细致平稳条件，即

$$\pi(i) Q(i, j) \neq \pi(j) Q(j, i) \tag{5-47}$$

为了解决上述问题，引入 $\alpha(i, j)$，使式(5-47)细致平稳条件满足

$$\pi(i) Q(i, j) \alpha(i, j) = \pi(j) Q(j, i) \alpha(j, i) \tag{5-48}$$

按照对称性，取

$$\alpha(i,j) = \pi(j)Q(j,i) \tag{5-49}$$

$$\alpha(j,i) = \pi(i)Q(i,j) \tag{5-50}$$

则式(5-48)成立，有

$$\pi(i)\underbrace{Q(i,j)\alpha(i,j)}_{P(i,j)} = \pi(j)\underbrace{Q(j,i)\alpha(j,i)}_{P(j,i)} \tag{5-51}$$

马尔可夫链状态转移和接受概率示意图如图 5-9 所示。

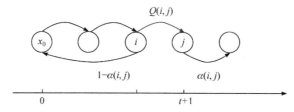

图 5-9　马尔可夫链状态转移和接受概率示意图

综上，与 MC 法中的接受-拒绝采样类似，MCMC 采样方法通过一个常见的马尔可夫链状态转移矩阵 Q 的接受-拒绝概率得到目标转移矩阵 P。

2. Metropolis-Hasting 采样

传统的 MCMC 采样方法在实际应用中的采样效率可能会很低。这是由于接受率 $\alpha(x_*, x_t)$ 可能非常的小，大部分的采样值都被拒绝转移，结果收敛到平稳分布太慢，也就是 n_1 要非常大，这样工程应用中的成本将非常高。

M-H 采样作为 MCMC 采样的一种，可以解决传统的 MCMC 采样接受率过低的问题。该算法首先由 Metropolis 提出，Hastings 改进。假设 $\alpha(i,j) = 0.1$，$\alpha(j,i) = 0.2$，此时满足细致平稳条件，则

$$\pi(i)Q(i,j) \times 0.1 = \pi(j)Q(j,i) \times 0.2 \tag{5-52}$$

此时，接受率较低，采样效率较低。将式(5-52)两边同时扩大 5 倍，可得

$$\pi(i)Q(i,j)\times 0.5 = \pi(j)Q(j,i)\times 1 \tag{5-53}$$

可以看到，在未打破细致平稳条件的前提下，接受率得到提高。因此，将 $\alpha(i,j)$ 和 $\alpha(j,i)$ 等比例放大，将两者中最大的一个放大到 1，就可以提高采样的接受率，即

$$\alpha(i,j) = \min\left\{\frac{\pi(j)Q(j,i)}{\pi(i)Q(i,j)},1\right\} \tag{5-54}$$

通过该微小改造，可以得到 M-H 采样过程。

(1) 任意选定状态转移矩阵 Q，平稳分布 $\pi(x)$，设定状态转移次数的阈值 n_1，需要的样本数为 n_2。

(2) 从任意简单概率分布采样，初始化马尔可夫链，初始状态值 x_0。

(3) 从 $t=0$ 到 n_1+n_2-1，从条件概率分布 $Q(x\,|\,x_t)$ 中采样得到 x_*；从均匀分布 $u\sim\text{uniform}[0,1]$ 采样。如果 $u < \alpha(x_*,x_t) = \pi(x_*)Q(x_*,x_t)$，则接受状态转移 $x_t \to x_*$，即 $x_{t+1} = x_*$；否则，不接受转移，$x_{t+1} = x_t$。样本集 $(x_{n_1},x_{n_1+1},\cdots,x_{n_1+n_2-1})$ 为所需要的平稳分布的样本集。

大多数时候，选择的矩阵 Q 是对称的，即 $Q(i,j) = Q(j,i)$，则接受率可进一步简化为

$$\alpha(i,j) = \min\left\{\frac{\pi(j)}{\pi(i)},1\right\} \tag{5-55}$$

3. 数值算例

本章研究 M-H 法，对稀疏变量进行采样，因此这里选取的目标平稳分布是一个混合分布，即

$$\begin{aligned}
\pi(x) = &\ 0.2\text{Normal}(x,0,1) + 0.2\text{Uniform}(x,-1,1) \\
&+ 0.2\text{Exponential}(x,1,1) + 0.2\text{Weibull}(x,2,1) \\
&+ 0.2\text{Lognormal}(x,1,1)
\end{aligned} \tag{5-56}$$

选择的马尔可夫链状态转移矩阵为[−5，10]的均匀分布，状态转移次数的阈值 $n_1 = 1000$，需要的样本数为 $n_2 = 10000$。进行 M-H 采样，其样本

集与平稳分布的真实曲线对比如图 5-10 所示。

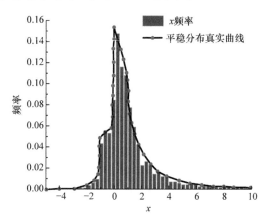

图 5-10　样本集与平稳分布的真实曲线对比

由采样值的分布与真实的分布之间的关系可知，采样样本与对应平稳分布还是较为吻合的，可以满足工程应用的需求。

5.2.3　基于 aPC 法的混合不确定性统一分析传递方法

本节在 5.2.1 节和 5.2.2 节的基础上，基于 PCE 法开发一种随机和认知不确定性混合影响下的统一分析传递方法。

1. 混合不确定性下的 PCE 模型建立

对于区间变量 Z，将其嵌入 PCE 模型的系数，并将系数 c_j 表达为区间变量的二次多项式的形式，即

$$c_j = A_{j0} + \sum_{i=1}^{\lambda} B_{ji}\eta_i + \sum_{i=1}^{\lambda} D_{ji}\eta_i^2 \tag{5-57}$$

其中，λ 为区间变量的个数；η_i 为区间变量 z_i 的标准化，$\eta_i = (z_i - z_i^c)/z_i^r$，$z_i^c$ 为区间的中点，z_i^r 为区间的半径；A_{j0}、B_{ji}、D_{ji} 为系数，通过采样方法确定。

对于强统计变量 X 和稀疏变量 Y，将两者嵌入正交多项式。首先，将两者转化为标准不确定量 $\bar{X}$ 和 $\bar{Y}$。若 x_i 的分布为 ϑ，分布参数为 ξ_1 和 ξ_2，则 $\bar{x}_i = (x_i - \xi_1)/\xi_2$；若 y_i 的表达式为 $y_i = \sum_j w_{i,j} y_{i,j} = \sum_j w_{i,j} \vartheta_{i,j}(\xi_{1,ij}, \xi_{2,ij})$，

则 $\overline{y}_i = \sum_j w_{i,j}(y_{i,j} - \xi_{1,ij})/\xi_{2,ij}$。

考虑 3 种不确定量的 PCE 模型可以表示为

$$Z(u) = Z(\overline{x}_1, \overline{x}_2, \cdots, \overline{x}_m;\ \overline{y}_1, \overline{y}_2, \cdots, \overline{y}_n;\ \overline{z}_1, \overline{z}_2, \cdots, \overline{z}_\lambda)$$

$$\approx \sum_{i=0}^{M} c_i \Psi_i(u)$$

$$= \sum_{j=0}^{M-1}\left(A_{j0} + \sum_{i=1}^{\lambda} B_{ji}\eta_i + \sum_{i=1}^{\lambda} D_{ji}\eta_i^2\right)\Psi_j(u) \tag{5-58}$$

其中，$u=(\overline{x}_1, \overline{x}_2, \cdots, \overline{x}_m;\ \overline{y}_1, \overline{y}_2, \cdots, \overline{y}_n;\ \overline{z}_1, \overline{z}_2, \cdots, \overline{z}_\lambda)$ 为变量的集合，且 u 中的变量相互独立，m 和 n 分别表示 X 和 Y 的变量个数；$\Psi_i(u)$ 为多维正交多项式基底；系数个数 M 取决于变量的个数 $m+n$ 和展开的阶数 d，即

$$M = (m+n+d)!/[(m+n)!d!] \tag{5-59}$$

2. PCE 模型系数求解

对区间变量 Z，采用拉丁超立方采样法(Latin hypercube sampling, LHS)对其进行采样，样本点为($z_1^w, z_2^w, \cdots, z_\lambda^w$)，$w=1,2,\cdots,K$，$K$ 表示样本点的个数。

对于每个 Z 的样本($z_1^w, z_2^w, \cdots, z_\lambda^w$)，首先获得其对应的标准化后的值 η^w；然后通过 X 和 Y 的 PDF 求得其高阶原点矩，由式(5-34)得到两者对应的正交多项式基底，求得 $\Psi_j(u)$；最后通过回归法求解得到该样本下的系数矩阵 c_j。

对于 c_j，其本质为关于 η 的二次多项式，因此根据式(5-57)，将系数改写为

$$HE_j = c_j, \quad j=1,2,\cdots,M \tag{5-60}$$

$$H = \begin{bmatrix} 1 & (\eta_1)^1 & \cdots & (\eta_\lambda)^1 & (\eta_1^2)^1 & \cdots & (\eta_\lambda^2)^1 \\ 1 & (\eta_1)^2 & \cdots & (\eta_\lambda)^2 & (\eta_1^2)^2 & \cdots & (\eta_1^2)^2 \\ \vdots & \vdots & & \vdots & \vdots & & \vdots \\ 1 & (\eta_1)^K & \cdots & (\eta_\lambda)^K & (\eta_1^2)^K & \cdots & (\eta_1^2)^K \end{bmatrix} \tag{5-61}$$

$$E_j = [A_{j0} \quad B_{j1} \quad \cdots \quad B_{j\lambda} \quad D_{j1} \quad \cdots \quad D_{j\lambda}]^{\mathrm{T}} \tag{5-62}$$

$$c_j = [(c_j)^1 \quad (c_j)^2 \quad \cdots \quad (c_j)^K]^{\mathrm{T}} \tag{5-63}$$

其中，H 为样本矩阵，由已知的采样样本决定；c_j 为系数矩阵，由回归法求得。

因此，系数矩阵 E_j 可通过式(5-60)求得。

3. 基于 PCE 法的混合不确定性统一分析传递方法流程

基于 PCE 法的混合不确定性统一分析传递方法流程如图 5-11 所示。

步骤 1，根据已知的样本数据，对不确定量进行不确定性分类，将其划分为强统计变量 X、稀疏变量 Y 和区间变量 Z。

步骤 2，外层对 Z 采用 LHS 进行采样，样本点为 $(z_1^w, z_2^w, \cdots, z_\lambda^w)$，$w = 1, 2, \cdots, K$，其中 λ 表示区间变量 Z 的个数，K 表示样本点的个数；

步骤 3，在区间变量 Z 的每个 w 样本点 $(z_1^w, z_2^w, \cdots, z_\lambda^w)$ 处，根据 X、Y 的 PDF，对 X 采用 MC 法和 IPCM 进行采样，对 Y 采用 M-H 法进行采样，样本点为 $(x_1^\eta, x_2^\eta, \cdots, x_m^\eta, y_1^\eta, y_2^\eta, \cdots, y_n^\eta)$，$\eta = 1, 2, \cdots, N$，其中 m 表示强统计变量 X 的个数，n 表示稀疏变量 Y 的个数，N 表示 X、Y 的样本点个数，计算此时的响应 S 和正交多项式矩阵 Γ。采用回归法，计算此时的系数矩阵 CC^w，即

$$\Gamma = \begin{bmatrix} \Psi_0(\xi^{(1)}) & \Psi_1(\xi^{(1)}) & \cdots & \Psi_{M-1}(\xi^{(1)}) \\ \Psi_0(\xi^{(2)}) & \Psi_1(\xi^{(2)}) & \cdots & \Psi_{M-1}(\xi^{(2)}) \\ \vdots & \vdots & & \vdots \\ \Psi_0(\xi^{(N)}) & \Psi_1(\xi^{(N)}) & \cdots & \Psi_{M-1}(\xi^{(N)}) \end{bmatrix} \tag{5-64}$$

$$\mathrm{CC}^w = (\Gamma^{\mathrm{T}}\Gamma)^{-1}\Gamma^{\mathrm{T}}S \tag{5-65}$$

步骤 4，对于每个区间变量 Z 的样本点，重复步骤 3，直至所有样本点全部执行。

步骤 5，构建样本矩阵 H 和系数矩阵 c_j $(j = 0, 1, 2, \cdots, M-1)$。对于 CC^w，有

$$\mathrm{CC}^1 = [C_0 \quad C_1 \quad C_2 \quad \cdots \quad C_{M-1}]^1$$
$$\mathrm{CC}^2 = [C_0 \quad C_1 \quad C_2 \quad \cdots \quad C_{M-1}]^2$$
$$\vdots$$
$$\mathrm{CC}^K = [C_0 \quad C_1 \quad C_2 \quad \cdots \quad C_{M-1}]^K$$

(5-66)

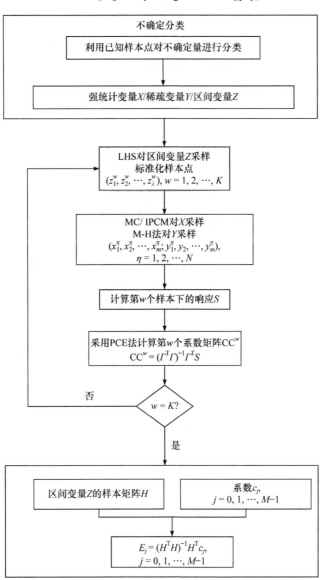

图 5-11　基于 PCE 法的混合不确定性统一分析传递方法流程

将其每一列抽出，即取 K 个不同样本下的同一个系数值构建系数矩阵 c_j，即

$$c_0 = [(C_0)^1 \quad (C_0)^2 \quad \cdots \quad (C_0)^K]^{\mathrm{T}}$$
$$c_1 = [(C_1)^1 \quad (C_1)^2 \quad \cdots \quad (C_1)^K]^{\mathrm{T}} \tag{5-67}$$
$$\vdots$$
$$c_{M-1} = [(C_{M-1})^1 \quad (C_{M-1})^2 \quad \cdots \quad (C_{M-1})^K]^{\mathrm{T}}$$

步骤 6，系数矩阵 E_j 通过式(5-68)求解，即

$$E_j = (H^{\mathrm{T}}H)^{-1}H^{\mathrm{T}}c_j \tag{5-68}$$

5.2.4　数值算例

选择 3.2.2 节的数学函数，对本章提出的基于任意 PCE 法的混合不确定性统一分析传递方法进行验证。

1. 仅考虑强统计变量、稀疏变量

考虑式(3-17)的 2 维 3 阶非线性函数，x_1、x_2 相互独立。设 x_1 为强统计变量，满足均值为 10、标准差均为 5 的正态分布；设 x_2 为稀疏变量，其 PDF 为

$$f(x_2) = w_1 f_{\mathrm{uniform}} + w_2 f_{\mathrm{normal}} = 0.001 f_{\mathrm{uniform}} + 0.999 f_{\mathrm{normal}} \tag{5-69}$$

其中，$f_{\mathrm{uniform}} = 1/2$；$f_{\mathrm{normal}} = \dfrac{1}{\sqrt{2\pi} \cdot 5} \mathrm{e}^{-\frac{(x-9.9)^2}{2 \cdot 5^2}}$，$-\infty < x < +\infty$。

采用统一分析传递方法，求解此时的 PCE 模型。由于 x_2 的均匀分布权重远小于正态分布权重，因此 PCE 模型系数应该与真实函数的系数接近。统一框架下模型系数对比如表 5-6 所示。

表 5-6　统一框架下模型系数对比

项目	b_0	b_1	b_2	b_3	b_4	b_5	b_6	b_7	b_8	b_9
精确解	4682.3	2470.2	742.5	125	2865	500	0	997.5	125	125
计算值	4651.7	2442.7	732.9	124	2860	498	0	996.3	125	125

可以看到，计算得到的系数与精确解十分接近，初步验证了方法的准确性。下一步，将建立的 PCE 模型进行精度检验，选取一组测试样本(10^3个样本)，对该模型进行响应预报，并将结果与真实函数结果进行对比。如图 5-12 所示，与精确解相比，PCE 模型对测试样本的响应预报十分准确，几乎所有样本都与精确解重合，再一次验证了该方法建立的 PCE 模型在处理混合不确定性时的准确性。

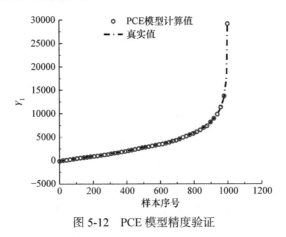

图 5-12　PCE 模型精度验证

2. 考虑强统计变量、稀疏变量和区间变量

考虑非线性函数，对于式(3-20)的 Ishigami 函数，令 X_1 为强统计变量，在$[-\pi,\pi]$ 上均匀分布；X_3 为区间变量，上下限为$-\pi$ 和 π；X_2 为稀疏变量，其 PDF 为

$$f(X_2) = w_1 f_{\text{uniform}} + w_2 f_{\text{normal}} = 0.001 f_{\text{uniform}} + 0.999 f_{\text{normal}} \tag{5-70}$$

其中，$f_{\text{uniform}} = \dfrac{1}{2\pi}$；$f_{\text{normal}} = \dfrac{1}{\sqrt{2\pi}} e^{-\frac{x^2}{2}}$，$-\infty < x < +\infty$。

同样采用 5.2.3 节统一分析传递方法，求解此时的 PCE 模型。由于 Ishigami 函数的非线性较强，分别建立 3 阶、5 阶、7 阶、9 阶的 PCE 模型，并将结果与 MC 法的结果进行比较，如表 5-7 和图 5-13 所示。表 5-7 中，括号内的值表示不同展开阶数下均值和标准差与 MC 法结果的误差百分比。

表 5-7　不同展开阶数下 PCE 模型的均值和标准差

项目	均值	标准差
$d = 3$	3.401(2.4%)	2.719(26.3%)
$d = 5$	3.397(2.5%)	3.449(6.6%)
$d = 7$	3.420(1.9%)	3.631(1.6%)
$d = 9$	3.419(1.9%)	3.641(1.4%)
MC	3.485	3.691

由表 5-7 可知,对于不同展开阶数下的 PCE 模型,其均值误差均在 1%;对于标准差,当展开阶数为低阶($d = 3,5$)时,PCE 模型预报的误差较大;随着展开阶数提高,标准差趋于收敛,7 阶多项式的误差已经小于 1%。

由 PCE 模型响应 PDF 曲线可以得到类似的结论。对于图 5-13,5 条 PDF 曲线的中心位置几乎完全一致,概率密度最大点在 $Y_3 = 3 \sim 4$ 的位置处。同时,$d = 3$ 时,PCE 模型 PDF 曲线误差较大;$d = 5$ 时,曲线两端低概率区域逐渐逼近精确解的曲线;$d = 7$、9 时,这两个 PCE 模型已经能够很好地量化 Y_3 的不确定性。其 PDF 曲线几乎与 MC 的准确值曲线完全重合,由此验证了统一分析传递方法建立的 PCE 模型在考虑 3 种不确定量时预报响应均值和标准差的准确性。

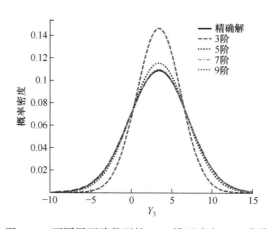

图 5-13　不同展开阶数下的 PCE 模型响应 PDF 曲线

下面对建立的 PCE 模型进行精度检验。选取一组测试样本(总计 10^3 个样本),对该模型进行响应预报,并将结果与真实函数结果进行对比。如

图 5-14 所示，与精确解相比，低阶($d = 3$、5)PCE 模型对测试样本的响应预报误差较大；随着展开阶数增加，高阶($d = 7$、9)PCE 模型对测试样本的响应预报十分准确，几乎所有样本全在精确解曲线上，进一步验证了该方法建立 PCE 模型在处理 3 种不确定量时的可行性。

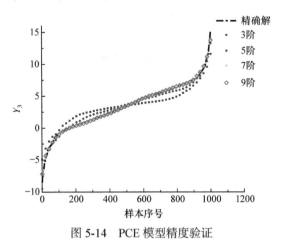

图 5-14　PCE 模型精度验证

5.3　船舶不确定性优化设计算例

为了验证本章提出的两种混合不确定性统一分析传递方法的可行性，选取 3.5.1 节的散货船优化设计算例和 3.5.2 节 KCS 型线优化算例，并比较这两种方法的共性和区别。

5.3.1　散货船优化设计算例

针对散货船优化设计，首先对 3 个不确定参数的类型进行重新划分。随机不确定性下的不确定参数如表 5-8 所示。随机和认知混合不确定性下的不确定参数如表 5-9 所示。

表 5-8　随机不确定性下的不确定参数

项目	航速波动 Z	船长指数 X	船宽指数 Y
变量类型	强统计变量	强统计变量	强统计变量
形式	正态分布	正态分布	正态分布
参数	$\mu = 0$ 、$\sigma = 0.1V_k$	$\mu = 1.7$ 、$\sigma = 0.1\mu$	$\mu = 0.7$ 、$\sigma = 0.1\mu$

表 5-9　随机和认知混合不确定性下的不确定参数

项目	变量类型	形式	参数
航速波动 Z	稀疏变量	$0.01 f_{\text{uniform}} + 0.99 f_{\text{normal}}$	$U(0,1)$、$N(0,0.1V_k)$
船长指数 X	强统计变量	正态分布	$\mu = 1.7$、$\sigma = 0.1\mu$
船宽指数 Y	区间变量	[0.5，0.9]	BPA 值见表 5-10

对于区间变量船宽指数 Y，根据表 5-8 的分布，确定两种方案表达其 BPA 值，表 5-10 所示。其中，PCE 法采用的是方案 1，证据理论对方案 1 和方案 2 均进行计算。

表 5-10　船宽指数 Y 的 BPA 值

方案	区间	BPA 值	计算次数
1	[0.5，0.9]	1	$10^2 \times 10^3$
	[0.5，0.66]	0.3	
2	[0.66，0.74]	0.4	$3 \times 10^2 \times 10^3$
	[0.74，0.9]	0.3	

本章选取的设计变量、约束条件与 3.5.1 节一致。对于这两种混合不确定性分析传递方法，仅目标函数和可靠性约束表达有所不同。混合不确定性影响下的目标函数和可靠性约束表达如表 5-11 所示。

表 5-11　混合不确定性影响下的目标函数和可靠性约束表达

项目	PCE 法	证据理论
目标函数	$\min \mu(\text{TC}) / \sigma(\text{TC})$	$\min \text{TC}_{\text{Middle}} / \text{TC}_{\text{Radius}}$
可靠性约束	$p_f(F_n \leqslant 0.32) \leqslant 1\%$	$\text{Bel}(F_n \leqslant 0.32) \leqslant 1\%$ $\text{Pl}(F_n \leqslant 0.32) \leqslant 1\%$
	$p_f(25000 \leqslant \text{DW} \leqslant 500000) \leqslant 1\%$	$\text{Bel}(25000 \leqslant \text{DW} \leqslant 500000) \leqslant 1\%$ $\text{Pl}(25000 \leqslant \text{DW} \leqslant 500000) \leqslant 1\%$
	$p_f(T - 0.45\text{DW}^{0.31} \leqslant 0) \leqslant 1\%$	$\text{Bel}(T - 0.45\text{DW}^{0.31} \leqslant 0) \leqslant 1\%$ $\text{Pl}(T - 0.45\text{DW}^{0.31} \leqslant 0) \leqslant 1\%$

表中，有

$$TC_{Middle} = \frac{TC^L + TC^U}{2} \tag{5-71}$$

$$TC_{Radius} = \frac{TC^U - TC^L}{2} \tag{5-72}$$

下面采用本章提出的两种混合不确定性统一分析传递方法，对该散货船优化设计模型进行 RBRDO。RBRDO 结果对比如表 5-12 所示。证据理论求解的约束可信度和似真度如表 5-13 所示。

表 5-12 RBRDO 结果对比

参数	PCE 法	证据理论
TC^L	—	6.036
TC^U	—	14.218
$TC/(lb/a)$	8.645	8.621
$\mu(TC)/TC_{Middle}/(lb/a)$	10.092	10.127
$\sigma(TC)/TC_{Radius}$	4.086	4.091
L/m	194.060	195.049
B/m	31.379	32.270
D/m	16.245	14.316
T/m	11.554	10.704
C_B	0.745	0.750
V_k/kn	14.107	14.020
$p_f(F_n \leqslant 0.32)$	0.1%	见表 5-13
$p_f(25000 \leqslant DW \leqslant 500000)$	0.1%	见表 5-13
$p_f(T - 0.45DW^{0.31} \leqslant 0)$	0.1%	见表 5-13

表 5-13 证据理论求解的约束可信度和似真度

约束	方案 1		方案 2	
	Bel	Pl	Bel	Pl
$p_f(F_n \leqslant 0.32)$	0	0	0	0
$p_f(25000 \leqslant DW \leqslant 500000)$	0.00084	0.00116	0.00096	0.00104
$p_f(T - 0.45DW^{0.31} \leqslant 0)$	0.00088	0.00112	0.00093	0.00109

由表 5-12 可以看出，两种方法求解得到的最优方案较为接近。但是，证据理论的计算次数远超于 PCE 法所需的计算次数，计算成本较高。

此外，由于认知不确定性存在，基于证据理论的混合不确定性表达的目标，其最终形式并非单一的精确值，而是表达为区间[6.036, 14.218]，然后通过区间的中点和半径，将目标表达成均值和标准差的形式。由表 5-12 可知，证据理论与 PCE 法求解得到的目标均值和标准差十分接近。

由表 5-12 和表 5-13 可知，两种方法求得的失效概率均小于 1%，满足可靠性要求。基于证据理论求解得到的约束失效概率是通过可信度和似真度组成的区间[Bel, Pl]表示，并且两者表达的失效概率均小于 1%。值得注意的是，无论是方案 1 还是方案 2，PCE 法求解的约束失效概率始终处于区间[Bel, Pl]之中。对于船宽指数 Y，方案 2 的子区间和 BPA 值的数目多于方案 1，使方案 2 最终得到的失效概率区间，$Pl - Bel$ 明显小于方案 1，即当认知不确定性的信息获得的越多，得到的结果也越精确。可以预见，若船宽指数 Y 的子区间和 BPA 值继续增加，对认知不确定性的描绘也更加细致，区间[Bel, Pl]将不断缩小，直至收敛到精确概率值。

为了更直观地观察失效概率的变化情况，计算不同极限值下 c 的约束，得到两种方法求得最优方案约束的累积密度分布函数(PCE 法)、累积可信度分布函数和累积似真度分布函数(证据理论)曲线，即$1 - P_f$(即成功概率)。如图 5-15～图 5-17 所示，两种方法求得的 3 个约束失效概率在给定的极限处

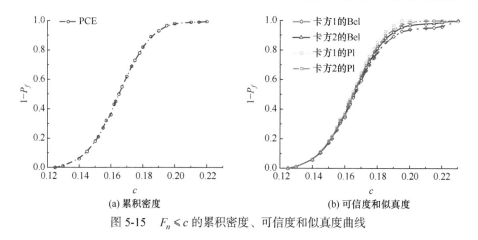

图 5-15　$F_n \leqslant c$ 的累积密度、可信度和似真度曲线

（$c_{F_n} = 0.32$、$c_{25000-\mathrm{DW}} = 0$、$c_{T-0.45\mathrm{DW}^{0.31}} = 0$），均满足可靠性要求。由于强统计变量和稀疏变量的存在，Bel 和 Pl 两条曲线均为连续曲线，不是仅存在区间变量时的阶梯曲线，可靠性指标不再跃迁变化，而是随着 c 连续变化。同时，对于这 3 个约束，方案 1 的 Bel 和 Pl 两条曲线分别包围着方案 2 的 Bel 和 Pl 两条曲线，再次验证了认知不确定性信息越多，结果越精确这一结论。除此之外，与之前的 4.2.3 节的数值算例相比，Bel 和 Pl 两条曲线之间的间距较小，可见本例中认知不确定性对可靠性的计算结果影响较小。

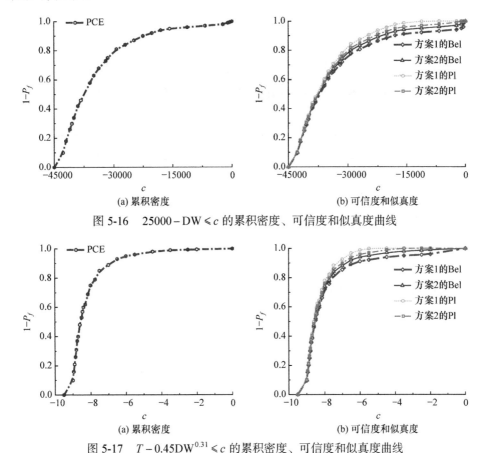

图 5-16　$25000-\mathrm{DW} \leqslant c$ 的累积密度、可信度和似真度曲线

图 5-17　$T-0.45\mathrm{DW}^{0.31} \leqslant c$ 的累积密度、可信度和似真度曲线

5.3.2 KCS 型线优化算例

本节选取 ITTC 公布的标准船型之一 KRISO 集装箱船作为研究对象。

与散货船优化设计的过程类似，首先对不确定参数，即航速波动和吃水波动的形式进行重新定义(表 5-14)。

表 5-14 随机和认知混合不确定性的不确定参数

项目	航速波动 v	吃水波动 t
变量类型	稀疏变量	区间变量
形式	$0.01 f_{\text{uniform}} + 0.99 f_{\text{normal}}$	[0.336，0.347]
参数	$U(0,1)$，$N(0,0.1V_k)$	BPA 值见表 5-15

同样，对于区间变量吃水波动 t，确定两种方案表达其 BPA 值(表 5-15)。PCE 法采用的是方案 1，证据理论对方案 1 和方案 2 均进行计算。

表 5-15 吃水波动 t 的 BPA 值

方案	区间	BPA 值	计算次数
1	[0.336，0.347]	1	$10^2 \times 10^3$
	[0.336，0.340]	0.2	
2	[0.340，0.343]	0.6	$3 \times 10^2 \times 10^3$
	[0.343，0.347]	0.2	

这里选取的设计变量、约束条件与 3.5.2 节一致，仅受不确定量影响的目标函数和可靠性约束发生变化。混合不确定性影响下的目标函数和可靠性约束表达如表 5-16 所示。

表 5-16 混合不确定性影响下的目标函数和可靠性约束表达

项目	PCE 法	证据理论
目标函数	$\min \mu(\text{EEDI}) / \sigma(\text{EEDI})$	$\min \text{EEDI}_{\text{Middle}} / \text{EEDI}_{\text{Radius}}$
可靠性约束	$P_f(\text{EEDI} < \text{EEDI}(I)) \leqslant 5\%$	$\text{Bel}(\text{EEDI} < \text{EEDI}(I)) \leqslant 5\%$ $\text{Pl}(\text{EEDI} < \text{EEDI}(I)) \leqslant 5\%$

下面采用本章提出的两种混合不确定性统一分析传递方法,对 KCS 模型进行 RBRDO,结果如表 5-17 所示。同时,计算不同 EEDI 阈值下的可靠性约束的失效概率,得到约束的累积密度分布函数(PCE 法)、累积可信度分布函数和累积似真度分布函数(证据理论)曲线,如图 5-18 所示。

表 5-17　RBRDO 结果对比

项目	PCE 法	证据理论
$\mu(\text{EEDI}) / \text{EEDI}_{\text{Middle}}$	17.02	17.11
$\sigma(\text{EEDI}) / \text{EEDI}_{\text{Radius}}$	4.32	4.41
$P_f(\text{EEDI} < \text{EEDI}(I))$	4.9%	方案 1:[Bel , Pl] = [0.001,0.05] 方案 2:[Bel , Pl] = [0.016,0.035]

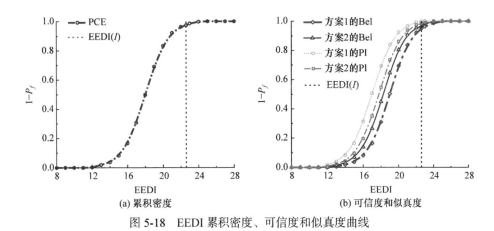

(a) 累积密度　　　　　　　　　　(b) 可信度和似真度

图 5-18　EEDI 累积密度、可信度和似真度曲线

从表 5-17 和图 5-18 可以看出,EEDI 约束的失效概率均小于 5%,满足可靠性要求。同时,方案 1 的 Bel 和 Pl 两条曲线分别包围着方案 2 的两条曲线,再次验证了结论,即当认知不确定性的信息获得的越多,区间 [Bel , Pl] 将不断缩小,得到的失效概率也越精确。

值得注意的是,由表 5-17 可知,与散货船优化设计不同,PCE 法计算的约束失效概率,仅在方案 1 计算得到的区间 [Bel,Pl] 之中,方案 2 计算得到的结果却不在区间内,结论却不成立。导致这种结果的原因,除了在优化分析过程中产生的计算误差,最主要的是不确定性参数缺少相关数据。对于方案 2 的区间变量,其参数形式是凭经验划分,容易出现参数形式错误和 BPA 划分错误。这更加凸显了在进行不确定性优化前，先对不确定因素进行分类的重要性。

参 考 文 献

[1] Bruce G L. On the determinants of moment matrices. Annals of Statistics, 1989, 17(2): 711-721.

[2] Karlin S. Total Positivity. Stanford: Stanford University Press, 1968.

第6章 混合不确定性下的船型不确定性优化设计

船型优化是非常典型的不确定性优化问题。本章继续以 KCS 船型为例，应用第 5 章提出的混合不确定性统一分析传递方法，系统地探索多种不确定因素对 KCS 船型方案稳健性和可靠性的影响规律。与第 5 章不同，本章除考虑船舶参数船速和吃水为不确定量，同时考虑外界环境波浪的参数，选取波长和波高为不确定量，并通过收集数据对不确定量分类，完成不确定性建模。考虑船舶在顶浪条件下的均阻系数作为性能指标，耐波性衡准指标作为可靠性约束，采用证据理论和 PCE 法进行混合不确定性分析传递，完成混合不确定性下的船型不确定性优化设计。

6.1 KCS 计算模型

6.1.1 研究对象

本章算例仍采用 KCS 模型。与 3.5.2 节不同，由于需要将 CFD 计算结果与实验结果进行比较，因此本章选取的 KCS 模型尺寸与耐波性实验选取的模型尺寸一致。KCS 模型尺寸如表 6-1 所示。

表 6-1 KCS 模型尺寸

参数	值
L_{pp}/m	6.0702
B_{wl}/m	0.8498
D/m	0.5015
T/m	0.2850
C_b	0.6510

6.1.2　CFD 的设置及结果验证

1. 湍流模型、自由液面和波浪模型

采用商业软件 STARCCM+进行 CFD 计算。不可压缩湍流的控制方程是连续性方程和 RANS 方程，选择SST $k-\omega$ 模型作为湍流模型，以提供对 RANS 方程的封闭性。该模型在船舶水动力数值计算被广泛运用于模拟船舶运动和阻力数值计算当中。

选择流体体积(volumn of fluid，VOF)法[1]对波浪的自由表面进行捕捉。VOF 法是一种简单的多相流模型，可以解决几种不相溶的流体之间交界面的问题。选择 SIMPLE 算法[2]耦合速度场和压力。该方法是求解 Navier-Stokes 方程的一种广泛使用的数值方法，可以在每次迭代中求解压力校正方程，从而校正流速，直到满足连续性方程。

当使用 RANS-VOF 法时，采用动态流体固态相互作用(dynamic fluid body interaction，DFBI)模块预测船舶在波浪中的运动响应。在计算中，通过更新边界条件可以使船舶纵摇和垂荡。RANS 求解器用于计算每个时间步下作用在船体表面上的激励力和力矩，并求解船舶运动方程获得加速度、速度和位移[3]。根据船体的位置和速度入口的两相流分布，更新自由表面位置以实现网格的移动[4]，即可更改船体的位置。

波浪模型选用 1 阶 Stokes 波，其波面方程可写为

$$\zeta = \zeta_a \cos(kx - \omega_e t) \tag{6-1}$$

其中，ζ_a 为波幅；k 为波数；ω_e 为遭遇频率。

$$k = \frac{2\pi}{\lambda} \tag{6-2}$$

$$\omega_e = \omega_0 + kU \tag{6-3}$$

其中，λ 为波长；U 为船舶的航速；ω_0 为固有频率，即

$$\omega_0 = \sqrt{2\pi g / \lambda} \tag{6-4}$$

为了避免波浪在计算域边界产生回波影响计算结果，计算中在波浪的

出口边界处设置一定长度的消波区，在垂向运动引入阻力，使波浪经过这一消波区域时，波高会逐渐减小直至成为静水面。其垂向的计算方程为

$$S_z^d = \rho(f_1 + f_2|w|)\frac{e^\kappa - 1}{e^l - 1}w \tag{6-5}$$

其中，w 为垂向速度；f_1、f_2 为消波参数。

$$\kappa = \left(\frac{x - x_{sd}}{x_{ed} - x_{sd}}\right)^{n_d} \tag{6-6}$$

其中，x_{sd} 为消波区域的起点；x_{ed} 为消波区域的终点，一般为边界；n_d 为消波参数。

2. 时间步的选择

CFL(Courant-Friedrichs-Lewy)是物理时间步长与网格对流时间标度的比率，将网格单元尺寸与网格流速相关联。该公式可以写为

$$\text{CFL} = U_m\frac{\Delta t}{\Delta x} \tag{6-7}$$

其中，U_m 为网格流速；Δt 是时间步长；Δx 是网格单元尺寸。

CFL 数较大会降低数值精度，而 CFL 数较小会增加收敛时间。理想情况下，计算域中所有位置的 CFL 值均小于 1。在计算域内，不同区域的网格单元尺寸 Δx 和流速 U_m 不同，这会导致不同的 CFL 值。

为了模拟规则波浪中的船舶运动响应，ITTC 建议在 CFD 模型上每个相遇周期至少使用 100 个时间步长。CD-Adapco 指出计算 1 阶波的工况时，时间步长应小于 $1/80T \sim 1/100T$，因此选择 $\Delta t = 0.01\text{s}$ 作为模拟所有情况的时间步长，满足每个相遇周期内至少有 80～100 个时间步长。

3. 计算域和边界条件

为了减少单元数以提高波浪中船舶性能的计算效率，选择船体半模研究。由于模拟船模的运动时使用了重叠网格，因此创建两个不同的区域，即背景区域和重叠区域。计算域及边界条件如图 6-1 所示。

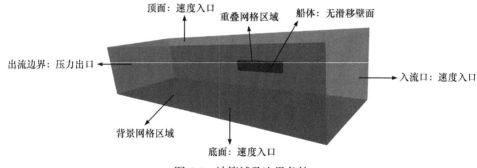

图 6-1　计算域及边界条件

　　边界条件的选择对于获得更准确的结果至关重要。尽管可以选择多种边界条件解决问题，但是选择最合适的边界条件可以避免不必要的计算成本。

　　背景区域和重叠区域的信息交换对重叠网格计算的稳定性非常重要。STAR-CCM+ 中有许多插值方法，如距离加权、线性和最小二乘法。综合考虑计算精度和计算成本后，采用距离加权的方法进行背景网格与重叠网格数据的插值。

　　图 6-2 从侧视角度展示了计算域的尺寸。ITTC 建议，对于常规波浪的模拟，入口边界应位于距船体 $1\sim2\,L_{pp}$ 的位置，出口边界应位于下游 $3\sim5$ L_{pp} 的位置，以避免波浪反射的影响。在本书中，计算域入口边界距离船体 $1\,L_{pp}$，计算域出口边界距离船体 $7\,L_{pp}$，其中包括了 $2\,L_{pp}$ 的消波区长度。船侧距离计算域侧边界为 $3\,L_{pp}$，船底距离计算域底部为 $2\,L_{pp}$。

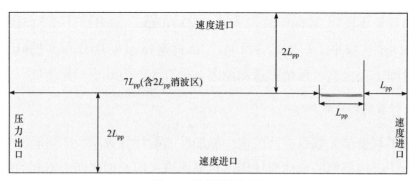

图 6-2　计算域侧视图

4. 网格产生

重叠网格是一种新的网格生成方案,已用于波浪中船舶运动响应的数值预测[5,6]。对于本章的所有计算仿真,网格生成均采用重叠网格。网格采用切割体网格划分,在船体周围及自由液面区域进行加密处理。在自由表面,每个波长使用至少 100 个网格单元,在垂直方向使用 10～20 个网格单元。计算网格总计约 450 万个网格单元。

图 6-3(a)展示了船体周围自由表面上的横截面。自由液面附近网格较为密集可以很好地捕捉波形。图 6-3(b)为船体表面网格分布情况。图 6-4 所示为计算域网格分布图。

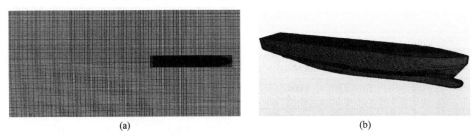

(a)　　　　　　　　　　　　　　　　　(b)

图 6-3　自由液面网格和船体表面网格

图 6-4　计算域网格分布图

5. CFD 结果与实验结果对比

本书首先对顶浪条件下的 KCS 模型进行数值计算,并将计算结果与实验结果进行对比。计算工况的液面条件如表 6-2 所示。

表 6-2　计算工况的液面条件

工况	波长 λ /m	波高 H /mm
0(静水)	—	—
1	3.949	62
2	5.164	78

续表

工况	波长 λ /m	波高 H /mm
3	8.321	149
4	11.840	196

如表 6-2 所示，5 个工况数值计算均采用相同的网格划分与时间步长，$Fr = 0.26$。本章拟将船舶在顶浪航行时的平均阻力作为性能指标，因此在计算收敛后取船舶周期阻力系数大小的均值作为计算结果。计算结果与实验结果对比如表 6-3 和图 6-5 所示。

表 6-3 不同工况下 CFD 计算结果与实验结果对比

工况	CFD	EFD	误差/%
0(静水)	3.792	3.835	1.13
1	8.553	8.253	−3.63
2	9.060	9.244	1.99
3	14.063	13.955	−0.77
4	10.643	10.842	1.83

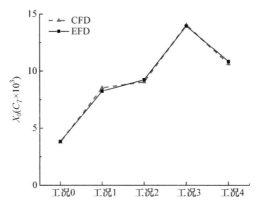

图 6-5 不同工况下 CFD 计算结果与实验结果对比

图中 $X_0(C_T \times 10^3)$ 表示对阻力系数进行傅里叶级数分析后的第 0 次谐振振幅(直流分量)，其物理意义为周期内船舶阻力系数的平均值。傅里叶级数的计算方式如下，即

$$a_n = \frac{2}{T_e} \int_0^{T_e} X(t)\cos(2n\pi f_e t)\mathrm{d}t, \quad n = 0,1,2,3 \tag{6-8}$$

$$b_n = \frac{2}{T_e} \int_0^{T_e} X(t)\sin(2n\pi f_e t)\mathrm{d}t, \quad n = 1,2,3 \tag{6-9}$$

$$X_n = \sqrt{a_n^2 + b_n^2} \tag{6-10}$$

其中，$X = C_T$，$C_T = R_T / (0.5 \times \rho \times U^2 \times S_0)$，$U$ 为航速，S_0 为船体湿表面积；T_e 和 f_e 为相遇周期和相遇频率。

在静水工况中，$X_0(C_T \times 10^3)$ 表示计算收敛后的静水阻力系数。

从表 6-3 和图 6-5 可以看出，数值计算结果与实验值较为吻合，具有较高的精度。因此，该计算条件及物理条件可以应用到后续相关优化船型的数值计算中。

6.2　不确定量的选取

这里选取 4 个不确定量，即对于波浪参数，选取波长 λ 和波高 H 为不确定量；对于船舶参数，选取船速 V 和吃水 T 为不确定量。

6.2.1　不确定量数据的获取

对于船舶的航速和吃水，通过采用船舶 AIS 跟踪特定船只，可以得到最近 3 天的航行历史，包括当前位置、速度、记录时间等。

为了提高数据的可用性，本书采用在地中海沿线航行的五艘姊妹集装箱船在大约 2 个月内的数据。这 5 艘船在非常相似的路线上航行，唯一的区别是第 3 艘船在地中海南部航行。由于观察的船只特征基本一致，因此可以将观测到的数据混合在一起使用，以丰富数据库的统计质量。

为了给出船舶在单次航行中速度的变化，图 6-6 展示了以时间为横轴的船速波动图。可以观察到，航行中船舶的速度远非恒定。

一旦获得所选船舶航行路线的大量样本，就可以对实际的运行状况进行统计分析。5 艘姊妹船中的每艘船都有大约 10000 个数据点，包含船舶当前的速度、位置和方向。5 艘姊妹船航速数据如表 6-4 所示。

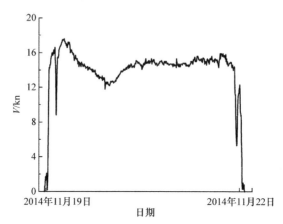

图 6-6　某艘船单次航程的速度变化图

表 6-4　5 艘姊妹船航速数据

船	序号	年 月 日 时 分	速度/kn	纬度/(°)	经度/(°)	航向/(°)
	1	2014 12 22 09 01	18	36.64796	21.27539	287
	2	2014 12 22 08 58	17.8	36.64307	21.29484	288
第 1 艘 Benelux	…	…	…	…	…	…
	10288	2014 11 19 12 51	0	40.67093	14.74059	216
	10289	2014 11 19 12 27	0	40.67095	14.74065	216
	1	2014 12 22 09 08	3.9	53.62962	6.14161	257
	2	2014 12 22 09 05	3.6	53.63052	6.146598	248
第 2 艘 Italia	…	…	…	…	…	…
	10114	2014 11 19 10 16	13.6	51.31091	−3.924792	81
	10115	2014 11 19 10 13	13.5	51.30917	−3.942523	81
	1	2014 12 22 05 46	15.7	35.99749	−6.352125	284
	2	2014 12 22 05 43	15.6	35.99397	−6.336525	285
第 3 艘 Portogallo	…	…	…	…	…	…
	6715	2014 11 19 2 4	0	50.89979	−1.41516	289
	6716	2014 11 19 1 43	0	50.89972	−1.41516	289
	1	2014 12 22 09 01	0	41.332	2.146333	317
	2	2014 12 22 08 37	0	41.332	2.146333	294
第 4 艘 Sicilia	…	…	…	…	…	…
	8871	2014 11 19 10 25	16.4	50.3105	−1.780333	63
	8872	2014 11 19 10 22	16.5	50.30433	−1.7995	63

续表

船	序号	年 月 日 时 分	速度/kn	纬度/(°)	经度/(°)	航向/(°)
第 5 艘 Spagna	1	2014 12 22 09 21	13.5	51.44595	−4.42867	94
	2	2014 12 22 09 19	13.3	51.44653	−4.441578	95
	...	...	...	...	...	...
	9268	2014 11 19 10 40	16	36.03896	−4.883	81
	9269	2014 11 19 10 38	16	36.03741	−4.896564	81

通过位置和速度对每个数据集进行划分，识别每次行程的开始和结束，从而检测船舶何时在港口停靠。对于每次行程，船舶初始吃水也有记录。5 艘姊妹船吃水数据如表 6-5 所示。

表 6-5　5 艘姊妹船吃水数据

行程编号	Benelux/m	Italia/m	Portogallo/m	Sicilia/m	Spagna/m
1	7.7	8.7	8.4	8.3	8.3
2	7.9	8.5	8.3	7.8	7.7
...	...	...	...	...	...
22	8.4	8.1	7.7	8.4	7.0
23	8.3	8.4	7.7	7.4	8.2

6.2.2　不确定量的建模

根据表 6-4 和表 6-5，采用第 2 章的不确定性分类方法确定船舶不确定参数，即航速和吃水的具体形式。

根据 5 艘姊妹船的航速数据，先对其 CDF 曲线进行描绘。如图 6-7 所示，船舶的单次航行周期中约有 10%的时间停泊在港口，并且船速低于 10kn 的百分比在 15%～20%，这可以衡量港口作业对船舶航行周期的占用情况。

为了更真实地反映船舶运营时航速的特性，本书仅考虑高于 10kn 的数据样本，根据这些数据，采取第 2 章的不确定性分类方法确定船舶航速的形式。假设航速分别满足强统计变量的 6 个竞争分布和稀疏变量的 1 个混合分布，对其进行参数估计。航速如表 6-6 所示。根据这 7 个分布的 CDF，采用 Anderson-Darling 检验计算各个分布的 OSL 值。可以看到，航速的 OSL 最大值对应分布为正态分布，因此航速确定为强统计变量，分布类型为正态分布。

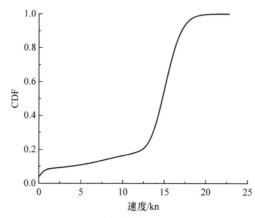

图 6-7　航速数据 CDF 曲线

表 6-6　航速 V

分布类型	ξ_1 /kn	ξ_2 /kn	OSL/kn
正态分布	**15.555**	**1.616**	**0.847**
均匀分布	10.000	25.600	0
指数分布	15.555	0.064	0
韦伯分布	16.272	10.115	0
极值分布	14.729	1.783	0
对数正态分布	2.739	0.107	0.665
混合分布	—	—	0

与航速类似，如表 6-7 所示，OSL 的最大值对应的分布为混合分布，因此这里的吃水为稀疏变量。其混合分布的参数和响应权重如表 6-8 所示。耐波性计算考虑的不确定量如表 6-9 所示。

表 6-7　吃水 T 的 OSL 值

指标	正态分布	均匀分布	指数分布	韦伯分布	极值分布	对数正态分布	混合分布
OSL	0.005	0.000	0.000	0.058	0.000	0.001	**0.141**

表 6-8　吃水 T 的参数和响应权重

分布类型	ξ_1	ξ_2	权重
正态分布	8.013	0.444	0.413
均匀分布	7.000	9.000	0.000
指数分布	8.013	0.125	0.000
韦伯分布	8.218	20.655	0.441
极值分布	7.786	0.443	0.000
对数正态分布	2.080	0.056	0.146

表 6-9　耐波性计算考虑的不确定量

不确定量	变量种类	表达形式
航速 V /(m/s)	强统计变量	正态分布 $N(2.00, 0.21)$
吃水 T /m	稀疏变量	—
波长 λ /m	区间变量	[4.55, 12.14]
波高 H /m	区间变量	[0.03, 0.10]

由于上述数据均来自实船，因此在进行性能计算时，需要将其转化为船模的航速和吃水。船模吃水的表达形式如表 6-10 所示。

表 6-10　船模吃水的表达形式

分布类型	ξ_1	ξ_2	权重
正态分布	0.285	0.016	0.194
均匀分布	0.249	0.320	0.140
指数分布	0.285	3.509	0.096
韦伯分布	0.292	20.708	0.191
极值分布	0.277	0.016	0.187
对数正态分布	−1.257	0.056	0.192

对于波浪参数，由于波谱的波长 λ 和波高 H 缺少足够的数据，只能根据经验选取。一般地，波长选取 $0.75L_{pp} \sim 2L_{pp}$，因此波长为区间变量，范

围为[4.55，12.14]；对于波高一般取型深 D 的 1/10，最大不超过 1/5，这里取[0.03，0.10]。

因此，最终选取 4 个不确定量，即航速、吃水、波长和波高，就可以涵盖不确定量的 3 种不同表达形式。

6.3 优化问题描述

6.3.1 优化目标、设计变量、约束条件

本章选取 KCS 作为研究对象，面向波浪中的阻力进行 RBRDO 优化。考虑船舶在顶浪条件下的均阻系数 $\bar{C}_T$ 作为性能指标，选取 $\bar{C}_T$ 的期望值和标准差为优化目标。设计变量与 3.5.2 节相同，仍选取船体曲面控制点的坐标。约束条件包括几何约束条件、耐波性约束条件和可靠性约束条件，其中几何约束条件与 3.5.2 节相同。耐波性约束条件为耐波性衡准指标，通过对各套衡准[7,8]的比较分析，采用的衡准指标为有义纵摇角和有义升沉(无因次化形式)。可靠性约束也对耐波性衡准指标的失效概率进行了限制。优化算法仍采用 PSO 算法，同时为了减少 CFD 计算和不确定性分析的计算负担，在优化过程中选取 Kriging 近似模型代替 CFD 软件进行性能计算。优化模型如表 6-11 所示。

表 6-11 优化模型

项目		RBRDO
优化对象		KCS
优化目标		$\min \mu(\bar{C}_T)/\sigma(\bar{C}_T)$
设计变量	X_1	[−0.025，0.017]
	Z_1	[0.146，0.188]
	Y_2	[0.046，0.075]
	Y_3	[0.109，0.136]
	Y_4	[0.066，0.108]
	Y_5	[0.359，0.393]
	Y_6	[0.267，0.309]

续表

项目		RBRDO
几何约束	排水量 Δ /m^3	最大变化 ±0.5%
	浮心纵向位置 X_B /L_{pp}	最大变化 ±0.5%
	湿表面积 S /m^2	最大变化 ±0.5%
耐波性约束	纵摇响应 pitch $/\zeta_a$	pitch ≤ 0.6
	升沉响应 heave $/k\zeta_a$	heave ≤ 1.4
可靠性约束	纵摇响应 pitch $/\zeta_a$	P_f(pitch ≤ 0.6) < 5%
	升沉响应 heave $/k\zeta_a$	P_f(heave ≤ 1.4) < 5%
优化器	算法类型	PSO
	粒子群数目	60
	迭代次数	20
近似模型	模型类型	Kriging
	样本点个数	220

6.3.2 优化流程

KCS 船型 RBRDO 流程如图 6-8 所示。

(1) 确定设计变量及其范围。

(2) 根据顶层传入的变量，RBF 插值变形模块产生一个新的船型，传入不确定性分析模块。

(3) 进入不确定性分析模块，首先采用 LHS 对区间变量波长 λ 和波高 H 进行采样，样本点为 (λ^w, H^w)，$w=1,2,\cdots,K$。

(4) 在每组 w 样本 (λ^w, H^w) 下，根据强统计变量航速 V 和稀疏变量吃水 T 的 PDF，采用 Metropolis-Hasting 采样法进行采样，样本点记为 $(V^\eta; T^\eta)$，$\eta=1,2,\cdots,N$。

(5) 根据输入的不确定量和设计变量，通过建立 Kriging 模型，计算此时的响应 S。在本算例中，响应 S 为船舶在波浪中的均阻系数，以及耐波性衡准指标。

(6) 根据输入的不确定量，计算此时的正交多项式矩阵 Γ。已知响应 S 和正交多项式矩阵 Γ 后，计算该组 w 样本下 PCE 模型的系数矩阵 CC^w。

(7) 重复步骤(4)～(6)，直至所有 K 个样本点。

(8) 输出关于区间变量的样本矩阵 H 和系数矩阵 c_j。

(9) 建立同时考虑区间变量(波长 λ 和波高 H)、稀疏变量(吃水 T)和强统计变量(航速 V)的 PCE 模型。

(10) 根据 PCE 模型的系数，求目标 $\bar{C}_T$ 的期望值和标准差，以及耐波性指标约束的失效概率。

(11) 将步骤(10)的结果传入优化器，优化器判别整个优化过程是否达到设定的迭代次数，如果达到，终止优化；否则，重复步骤(2)～(10)。

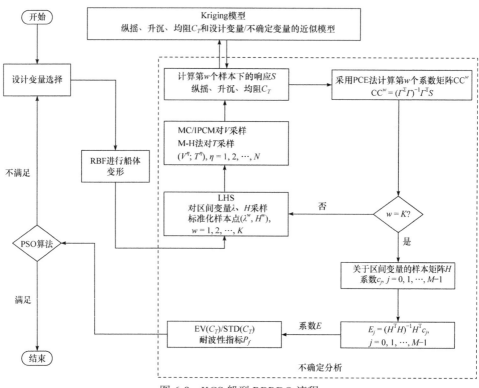

图 6-8　KCS 船型 RBRDO 流程

6.4　优化结果分析

根据 6.3 节的优化流程，采用基于 PCE 法的混合不确定性统一分析传递方法对标模 KCS 进行 RBRDO,同时也采用基于证据理论的混合不确定性统一分析传递方法对该船进行 RBRDO。RBRDO 最优方案结果如表 6-12 所示。

表 6-12　RBRDO 最优方案结果

项目		初始	RBRDO	
			证据理论	PCE 法
几何约束	$\left\lvert (\nabla - \nabla_0)/\nabla_0 \right\rvert$ /%	—	0.04	0.03
	$\left\lvert (X_B - X_{B0})/X_{B0} \right\rvert$ /%	—	0.12	0.09
可靠性约束	$P_f(\text{pitch} \leqslant 0.6)$ /%	**10.5**	[0, 4.8]	4.9
	$P_f(\text{heave} \leqslant 1.4)$ /%	**13.4**	[0, 4.9]	4.9
目标	$\mu(\bar{C}_T)$	12.221	10.957	10.678
	Reduction/%	—	−10.3	−12.6
	$\sigma(\bar{C}_T)$	5.304	3.867	2.242
	Reduction/%	—	−27.1	−57.7
计算次数		—	$N_c \times N_Z \times N_{XY}$ $= 1 \times 10^3 \times 10^4$	$K \times N$ $= 10^3 \times 10^4$

对于两种混合不确定性优化方法的计算成本,由表 6-12 可以看出,证据理论的计算次数为 $N_c \times N_Z \times N_{XY} = 1 \times 10^3 \times 10^4$(焦元个数×每个焦元的采样个数×强统计变量和稀疏变量的采样数),而 PCE 法的计算次数为 $K \times N = 10^3 \times 10^4$(区间变量采样数×强统计变量和稀疏变量的采样数)。由于区间变量波长 λ 和波高 H 组成的证据空间只有 1 个焦元,因此证据理论的计算次数与 PCE 法的次数一致。可以看到,当焦元数增加时,证据理论的计算次数会成倍激增,远超 PCE 法的计算次数。在某些情况下,当系统存在的不确定量只有强统计变量和区间变量时,对于 PCE 法,仅对强统计变量采样可以采用 IPCM 代替这里的 M-H 采样法,由此进一步减少强统计变量采样数 N。

此外,两种方法求得目标的主要区别在于目标的表达,基于证据理论的方法由于区间变量的存在，其目标的最终形式并非 1 个精确值而是区间的形式，范围为[7.090, 14.824]。为了方便与 PCE 法对比，通过式(5-15)和式(5-17)将目标表达成类均值和标准差的形式。由表 6-12 可以看出，对于 $\bar{C}_T$ 均值，两种方法求得的结果较为接近，而 $\bar{C}_T$ 标准差却相差较大。这是因为两种方法处理区间变量的方式不同导致的。与 5.3.2 节的 KCS 阻力优化相比，这里作为区间变量的 λ 和 H，其区间范围较大，从而导致响应 $\bar{C}_T$ 的范围也较大。此时，证据理论将目标的区间半径表达成类标准差的处理方式，会导致计算得到的目标标准差与 PCE 法的结果有一定的差异。

两种方法求得 RBRDO 最优方案的 $\bar{C}_T$ 均值和 $\bar{C}_T$ 标准差均较初始方案有不同程度的降低。在不确定量的干扰下，$\bar{C}_T$ 均值的降低意味着 RBRDO 最优方案依然能够降低阻力，从而提高船舶稳健性。同时，在外界不确定量干扰下，$\bar{C}_T$ 标准差减小意味着在保证性能提高的前提下，最优方案面对不确定性的干扰，性能波动更小，适应性更好，方案更稳健。

以 PCE 法求解得到的 RBRDO 最优方案为例，在 4 个不确定量 (λ, H, T, V) 干扰下，$\bar{C}_T$ 的 PDF 曲线如图 6-9 所示。可以看出，RBRDO 最优方案 $\bar{C}_T$ 的 PDF 曲线的标准差明显小于初始方案，$\bar{C}_T$ 的数据更为集中在均值附近的高概率区域，曲线更为瘦高。同时，其 PDF 曲线的均值，即峰值处横坐标也小于初始方案，在不确定量干扰下的阻力性能更为优良。

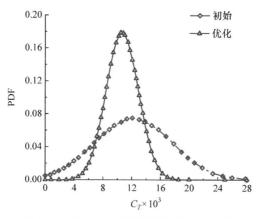

图 6-9　(λ, H, T, V) 干扰下 $\bar{C}_T$ 的 PDF 曲线

　　如表 6-12 所示，对于几何约束，两种 RBRDO 最优方案的几何约束与初始方案相比变化不大，所有的变化均小于 0.5%，从而保证优化前后船舶几何的一致性。

　　对于可靠性约束，考虑不确定性影响，初始方案的纵摇和升沉约束的失效概率分别为 10.5% 和 13.4%，大于要求的 5%，违反可靠性约束，导致方案失效。经过优化后的 RBRDO 最优方案，两种方法求得的纵摇和升沉约束的失效概率均较初始方案降低，大大提高船型方案的可靠性，使方案满足可靠性要求，远离了失效面。

　　为了更直观地对失效概率进行展示，本书介绍基于证据理论方法求解的纵摇和升沉的 Bel 曲线和 Pl 曲线，以及 PCE 法求解的纵摇和升沉的 CDF 曲线，并将其与初始方案进行对比。如图 6-10 所示，纵摇和升沉约束的失效概率 Bel 和 Pl 均小于 5%，满足可靠性要求。如图 6-11 所示，在约束处，RBRDO 最优方案与初始方案相比，明显失效概率更小，并且满足可靠性 5% 的要求。

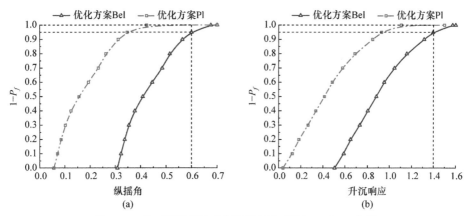

图 6-10　基于证据理论求解的纵摇和升沉 Bel 和 Pl 曲线

　　下面将 PCE 法得到的最优船型与初始方案进行对比。如图 6-12 和图 6-13 所示，RBRDO 最优方案型线整体光顺性良好。与初始方案相比，RBRDO 最优方案的船长有所增加，有助于减小纵摇、垂荡运动；在艏部形状方面，球鼻艏尺度增大，高度增加，长度变长，有比较明显的上翘。

同时，球鼻艏底部略微增厚，有助于减小兴波阻力；球鼻艏宽度也有所增加，船首后部横剖线略有变宽。

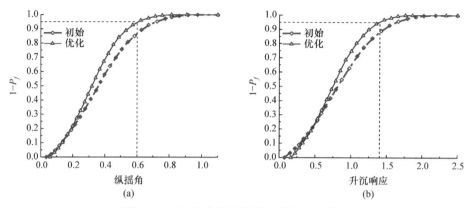

图 6-11　PCE 法求解的纵摇和升沉 CDF 曲线

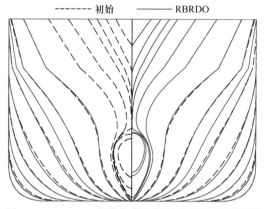

图 6-12　RBRDO 最优方案与初始方案的横剖线图

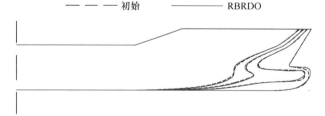

图 6-13　RBRDO 最优方案与初始方案的纵剖线图

综上所述，在不确定性因素的干扰下，与初始方案相比，RBRDO 最优方案在保证方案不失效(耐波性衡准指标的失效概率满足可靠性要求)的同时, 具有更优的性能(更小的 $\bar{C}_T$ 均值)和更小的性能波动($\bar{C}_T$ 标准差) , 从而拥有更优秀的航行能力。

参 考 文 献

[1] Hirt C W, Nichols B D. Volume of fluid (VOF) method for the dynamics of free boundaries. Journal of Computational Physics, 1981, 39(1): 322-334.

[2] Patankar S V, Spalding D B. A calculation procedure for heat, mass and momentum transfer in three-dimensional parabolic flows. International Journal of Heat and Mass Transfer, 1972, 5(15): 1787-1806.

[3] Tezdogan T, Demirel Y K, Kellett P, et al. Full-scale unsteady RANS CFD simulations of ship behaviour and performance in head seas due to slow steaming. Ocean Engineering, 2015, 97: 186-206.

[4] Wang S, Su Y M, Pang Y J, et al. Numerical study on longitudinal motions of a high-speed planing craft in regular waves. Journal of Harbin Engineering University, 2014, 35(1): 45-52.

[5] Carrica P M, Wilson R V, Noack R W, et al. Ship motions using single-phase level set with dynamic overset grids. Computers and Fluids, 2007, 36(9): 1415-1433.

[6] Tezdogan T, Incecik A, Turan O. Full-scale unsteady RANS simulations of vertical ship motions in shallow water. Ocean Engineering, 2016, 123: 131-145.

[7] 吴秀恒. 船舶操纵性与耐波性. 北京: 人民交通出版社, 1988.

[8] 封培元, 马宁, 顾解忡. 船舶实海域耐波性预报系统研究开发. 船海工程, 2009, (5): 6.

附录 A

A1 待选分布的极大似然估计推导

A1.1 正态分布

似然函数

$$L = \prod_{i=1}^{n} \frac{1}{\sqrt{2\pi\sigma^2}} \exp\left[-\frac{(x_i-\mu)^2}{2\sigma^2}\right] = (2\pi\sigma^2)^{-n/2} \exp\left[-\frac{1}{2\sigma^2}\sum_{i=1}^{n}(x_i-\mu)^2\right]$$

(A-1)

取对数可得

$$\ln L = -\frac{n}{2}\ln(2\pi\sigma^2) - \frac{1}{2\sigma^2}\sum_{i=1}^{n}(x_i-\mu)^2$$

(A-2)

求导可得

$$\begin{cases} \dfrac{\partial \ln L}{\partial \mu} = \dfrac{1}{\sigma^2}\sum_{i=1}^{n}(x_i-\mu)=0 \\ \dfrac{\partial \ln L}{\partial \sigma^2} = -\dfrac{n}{2\sigma^2} + \dfrac{1}{4\sigma^2}\sum_{i=1}^{n}(x_i-\mu)^2=0 \end{cases}$$

(A-3)

可得

$$\begin{cases} \mu^* = \dfrac{1}{n}\sum_{i=1}^{n}x_i \\ \sigma^* = \sqrt{\dfrac{1}{n}\sum_{i=1}^{n}(x_i-\mu)^2} \end{cases}$$

(A-4)

A1.2 均匀分布

似然函数

$$L = \begin{cases} \left(\dfrac{1}{b-a}\right)^{n}, & a \leqslant x_i \leqslant b \\ 0, & x_i < a \text{ 或者 } x_i > b \end{cases} \quad \text{(A-5)}$$

该似然函数不连续不可导。如果 L 取得最大值，则 $b-a$ 取最小值，此时有

$$\begin{cases} a^* = \min\{x_i\} \\ b^* = \max\{x_i\} \end{cases} \quad \text{(A-6)}$$

A1.3 指数分布

似然函数

$$L = \prod_{i=1}^{n} \lambda \exp(-\lambda x_i) = \lambda^n \exp\left(-\lambda \sum_{i=1}^{n} x_i\right) \quad \text{(A-7)}$$

取对数可得

$$\ln L = n \ln \lambda - \lambda \sum_{i=1}^{n} x_i \quad \text{(A-8)}$$

求导可得

$$\frac{\mathrm{d}\ln L}{\mathrm{d}\mu} = \frac{n}{\lambda} - \sum_{i=1}^{n} x_i = 0 \quad \text{(A-9)}$$

可得

$$\lambda^* = \frac{n}{\displaystyle\sum_{i=1}^{n} x_i} \quad \text{(A-10)}$$

A1.4 韦伯分布

似然函数

$$\begin{aligned} L &= \left(\frac{\beta}{\alpha}\right)^n \left(\frac{1}{\alpha}\right)^{n(\beta-1)} \left(\prod_{i=1}^{n} x_i\right)^{\beta-1} \exp\left[-\sum_{i=1}^{n}\left(\frac{x_i}{\alpha}\right)^{\beta}\right] \\ &= \frac{\beta^n}{\alpha^{n\beta}} \left(\prod_{i=1}^{n} x_i\right)^{\beta-1} \exp\left[-\sum_{i=1}^{n}\left(\frac{x_i}{\alpha}\right)^{\beta}\right] \end{aligned} \quad \text{(A-11)}$$

取对数可得

$$\ln L = n\ln\beta - n\beta\ln\alpha + (\beta-1)\ln\left(\prod_{i=1}^{n}x_i\right) - \sum_{i=1}^{n}\left(\frac{x_i}{\alpha}\right)^{\beta} \tag{A-12}$$

求导可得

$$\begin{cases} \dfrac{\partial\ln L}{\partial\beta} = \dfrac{n}{\beta} - n\ln\alpha + \displaystyle\sum_{i=1}^{n}\ln x_i - \sum_{i=1}^{n}\left[\left(\dfrac{x_i}{\alpha}\right)^{\beta}\ln\left(\dfrac{x_i}{\alpha}\right)\right] = 0 \\[3mm] \dfrac{\partial\ln L}{\partial\alpha} = -\dfrac{n\beta}{\alpha} + \dfrac{\beta}{\alpha}\displaystyle\sum_{i=1}^{n}\left(\dfrac{x_i}{\alpha}\right)^{\beta} = 0 \end{cases} \tag{A-13}$$

由于韦伯分布的前 n 阶原点矩为

$$\frac{\displaystyle\sum_{i=1}^{n}x_i^{\beta}}{n} = \alpha^{\beta} \tag{A-14}$$

则有

$$\sum_{i=1}^{n}x_i^{\beta}\alpha^{-\beta}\ln\alpha - n\ln\alpha = 0 \tag{A-15}$$

化简可得

$$\begin{cases} \dfrac{n}{\beta} + \displaystyle\sum_{i=1}^{n}\ln x_i - \sum_{i=1}^{n}\left[\left(\dfrac{x_i}{\alpha}\right)^{\beta}\ln x_i\right] = 0 \\[3mm] \displaystyle\sum_{i=1}^{n}\left(\dfrac{x_i}{\alpha}\right)^{\beta} - n = 0 \end{cases} \tag{A-16}$$

即

$$\begin{cases} \beta\alpha^{-\beta}\displaystyle\sum_{i=1}^{n}x_i^{\beta}\ln x_i - n - \beta\sum_{i=1}^{n}\ln x_i = 0 \\[3mm] n - \alpha^{-\beta}\displaystyle\sum_{i=1}^{n}x_i^{\beta} = 0 \end{cases} \tag{A-17}$$

求解 $\alpha^{-\beta}$，可得关于 β 的超越函数，即

$$\sum_{i=1}^{n} x_i^{\beta} \left(n + \beta \sum_{i=1}^{n} \ln x_i \right) - n\beta \sum_{i=1}^{n} x_i^{\beta} \ln x_i = 0 \tag{A-18}$$

令 $\varphi(\beta) = 0$，采用牛顿迭代求解，可得

$$\beta_{k+1} = \beta_k - \frac{\varphi(\beta)}{\varphi'(\beta)} \tag{A-19}$$

A1.5 极值分布

令 $\lambda = \dfrac{1}{\sigma}$，可得

$$f(x) = \lambda \exp\{-\lambda(x-\mu) - \exp[-\lambda(x-\mu)]\} \tag{A-20}$$

似然函数

$$L = \lambda^n \exp\left\{ \sum_{i=1}^{n} -\lambda(x_i - \mu) - \sum_{i=1}^{n} \exp[-\lambda(x_i - \mu)] \right\} \tag{A-21}$$

取对数可得

$$\ln L = n \ln \lambda - \lambda \sum_{i=1}^{n} (x_i - \mu) - \sum_{i=1}^{n} \exp[-\lambda(x_i - \mu)] \tag{A-22}$$

求导可得

$$\begin{cases} \dfrac{\partial \ln L}{\partial \mu} = n\lambda - \lambda \sum_{i=1}^{n} \exp[-\lambda(x_i - \mu)] = 0 \\ \dfrac{\partial \ln L}{\partial \lambda} = \dfrac{n}{\lambda} - \sum_{i=1}^{n} (x_i - \mu) + \sum_{i=1}^{n} \exp[-\lambda(x_i - \mu)](x_i - \mu) = 0 \end{cases} \tag{A-23}$$

$$e^{\mu\lambda} = \frac{n}{\sum_{i=1}^{n} \exp(-\lambda x_i)} \tag{A-24}$$

化简可得关于 λ 的超越函数，即

$$\frac{n}{\lambda} - \frac{1}{n} \sum_{i=1}^{n} x_i + \frac{\sum_{i=1}^{n} x_i \exp(-\lambda x_i)}{\sum_{i=1}^{n} \exp(-\lambda x_i)} = 0 \tag{A-25}$$

令 $\varphi(\lambda) = 0$，采用牛顿迭代求解可得

$$\lambda_{k+1} = \lambda_k - \frac{\varphi(\lambda)}{\varphi'(\lambda)} \tag{A-26}$$

A1.6 对数正态分布

似然函数

$$L = \prod_{i=1}^{n} \frac{1}{\sqrt{2\pi\sigma^2} x_i} \exp\left[-\frac{(\ln x_i - \mu)^2}{2\sigma^2}\right]$$

$$= (2\pi\sigma^2)^{-n/2} \left(\prod_{i=1}^{n} x_i\right)^{-1} \exp\left[-\frac{1}{2\sigma^2} \sum_{i=1}^{n} (\ln x_i - \mu)^2\right] \tag{A-27}$$

取对数可得

$$\ln L = -\frac{n}{2}\ln(2\pi\sigma^2) - \ln\left(\prod_{i=1}^{n} x_i\right) - \frac{1}{2\sigma^2} \sum_{i=1}^{n} (\ln x_i - \mu)^2 \tag{A-28}$$

求导可得

$$\begin{cases} \dfrac{\partial \ln L}{\partial \mu} = \dfrac{1}{\sigma^2} \sum_{i=1}^{n} (\ln x_i - \mu) = 0 \\[4mm] \dfrac{\partial \ln L}{\partial \sigma^2} = -\dfrac{n}{2\sigma^2} + \dfrac{1}{4\sigma^2} \sum_{i=1}^{n} (\ln x_i - \mu)^2 = 0 \end{cases} \tag{A-29}$$

进而得到

$$\begin{cases} \mu^* = \dfrac{1}{n} \sum_{i=1}^{n} \ln x_i \\[4mm] \sigma^* = \sqrt{\dfrac{1}{n} \sum_{i=1}^{n} (\ln x_i - \mu)^2} \end{cases} \tag{A-30}$$

A2 待选分布的统计矩推导

A2.1 正态分布

首先，对于标准正态分布 $x \sim N(0,1)$ ，对于 r 阶原点矩，当 r 为奇数时， $E(x^r) = 0$ ；当 r 为偶数时，可得

$$E(x^r) = \frac{1}{\sqrt{2\pi}} \int_{-\infty}^{+\infty} x^{r-1} \mathrm{d}(-\mathrm{e}^{-\frac{x^2}{2}})$$

$$= (r-1)\frac{1}{\sqrt{2\pi}} \int_{-\infty}^{+\infty} x^{r-2} \mathrm{d}(-\mathrm{e}^{-\frac{x^2}{2}})$$

$$= (r-1)E(x^{r-2})$$

$$= (r-1)(r-3)\cdots 3E(x^2)$$

$$= (r-1)(r-3)\cdots 3 \times 1 \tag{A-31}$$

对于一般正态分布，$Y \sim N(\mu, \sigma^2)$，可得

$$E(Y^k) = E[(\mu + \sigma x)^k] = E\left(\sum_{r=0}^{k} C_k^r \sigma^r x^r \mu^{k-r}\right) = \sum_{r=0}^{k} C_k^r \sigma^r \mu^{k-r} E(x^r) \tag{A-32}$$

其中，$C_k^r = \dfrac{k!}{r!(k-r)!}$。

A2.2　均匀分布

对于均匀分布 $[a, b]$，可得

$$E(x^r) = \int_a^b \frac{1}{b-a} x^r \mathrm{d}x = \frac{1}{b-a} \frac{x^{r+1}}{r+1}\bigg|_a^b = \frac{1}{b-a} \frac{b^{r+1}-a^{r+1}}{r+1} \tag{A-33}$$

A2.3　指数分布

对于指数分布，可得

$$E(x) = \int_0^{+\infty} x\lambda \mathrm{e}^{-\lambda x} \mathrm{d}x = \frac{1}{\lambda} \tag{A-34}$$

$$E(x^r) = \int_0^{+\infty} x^r \lambda \mathrm{e}^{-\lambda x} \mathrm{d}x$$

$$= -\int_0^{+\infty} x^r \mathrm{d}(\mathrm{e}^{-\lambda x})$$

$$= \frac{k}{\lambda} \int_0^{+\infty} x^{r-1} \lambda \mathrm{e}^{-\lambda x} \mathrm{d}x$$

$$= \frac{k}{\lambda} E(x^{r-1})$$

$$= \frac{k}{\lambda} \frac{k-1}{\lambda} \cdots E(x)$$

$$= \frac{k}{\lambda} \frac{k-1}{\lambda} \cdots \frac{1}{\lambda}$$

$$= \frac{k!}{\lambda^r} \tag{A-35}$$

A2.4　韦伯分布

$$E(x^r) = \int_0^{+\infty} x^r f(x)\mathrm{d}x = \int_0^{+\infty} x^r \frac{\beta}{\alpha}\left(\frac{x}{\alpha}\right)^{\beta-1} \exp\left[-\left(\frac{x}{\alpha}\right)^\beta\right]\mathrm{d}x \tag{A-36}$$

令 $w = \dfrac{x}{\alpha}$，则

$$E(x^r) = \int_0^{+\infty} \alpha^r w^r \frac{\beta}{\alpha} w^{\beta-1} \exp(-w^\beta)\alpha\mathrm{d}w = \alpha^r \beta \int_0^{+\infty} w^r w^{\beta-1} \exp(-w^\beta)\mathrm{d}w \tag{A-37}$$

再令 $z = w^\beta$，则 $w = z^{1/\beta}$，$\mathrm{d}w = \dfrac{1}{\beta}z^{\frac{1}{\beta}-1}\mathrm{d}z$，可得

$$E(x^r) = \alpha^r \beta \int_0^{+\infty} z^{\frac{r+\beta-1}{\beta}} \exp(-z)\frac{1}{\beta}z^{\frac{1}{\beta}-1}\mathrm{d}z = \alpha^r \int_0^{+\infty} z^{\frac{r}{\beta}} \exp(-z)\mathrm{d}z = \alpha^r \Gamma\left(\frac{r}{\beta}+1\right) \tag{A-38}$$

A2.5　极值分布

对于极值分布，令 $z = \dfrac{x-\mu}{\sigma}$，可得

$$E(z^r) = \int_0^{+\infty} z^r \exp(-z)\exp(-\mathrm{e}^{-z})\mathrm{d}z \tag{A-39}$$

令 $y = \mathrm{e}^{-z}$，则 $z = -\ln y$，可得

$$E(z^r) = \int_0^{+\infty} (-\ln y)^r y\exp(-y)\mathrm{d}(-\ln y) = (-1)^{r+1}\int_0^{+\infty} (\ln y)^r \exp(-y)\mathrm{d}y \tag{A-40}$$

A2.6　对数正态分布

对于对数正态分布 $x \sim LN(\mu, \sigma^2)$，可得

$$E(x^r) = \int_0^{+\infty} x^r \frac{1}{\sqrt{2\pi\sigma^2}\, x} \mathrm{e}^{-\frac{(\ln x - \mu)^2}{2\sigma^2}} \mathrm{d}x \tag{A-41}$$

令 $y = \ln x$，可得

$$E(x^r) = \int_0^{+\infty} \mathrm{e}^{yr} \frac{1}{\sqrt{2\pi\sigma^2}} \mathrm{e}^{-\frac{(y-\mu)^2}{2\sigma^2}} \mathrm{d}y$$

$$= \mathrm{e}^{\mu r + \frac{1}{2} r^2 \sigma^2} \int_0^{+\infty} \mathrm{e}^{yr} \frac{1}{\sqrt{2\pi\sigma^2}} \mathrm{e}^{-\frac{[y-(\mu+r\sigma^2)]^2}{2\sigma^2}} \mathrm{d}y = \mathrm{e}^{\mu r + \frac{1}{2} r^2 \sigma^2} \tag{A-42}$$

附录 B

表 B-1　设计变量

设计变量	范围
船长 L / m	$150 \leqslant L \leqslant 274.32$
船宽 B / m	$20 \leqslant B \leqslant 32.31$
型深 D / m	$13 \leqslant D \leqslant 25$
吃水 T / m	$10 \leqslant T \leqslant 11.71$
方形系数 C_B	$0.63 \leqslant C_B \leqslant 0.75$
设计航速 V_k / kn	$14 \leqslant V_k \leqslant 20$

表 B-2　约束条件

约束	范围
船长宽比	$L / B \geqslant 6$
船长型深比	$L / D \leqslant 15$
船长吃水比	$L / T \leqslant 19$
弗劳德数	$Fr \leqslant 0.32$
载重量	$25000 \leqslant \mathrm{DW} \leqslant 500000$
吃水和载重量的实际约束	$T - 0.45 \mathrm{DW}^{0.31} \leqslant 0$
吃水和型深的实际约束	$T - 0.7D - 0.7 \leqslant 0$
稳定性的实际约束	$0.07B - 0.35T - \dfrac{(0.085 C_B - 0.002) B^2}{T C_B} + 1 + 0.25D \leqslant 0$

表 B-3　计算模型

名称	计算公式
钢料重量	$W_S = 0.034 L^{1.7} B^{0.7} D^{0.4} C_B^{0.5}$
舾装重量	$W_O = L^{0.8} B^{0.6} D^{0.3} C_B^{0.1}$
机电设备重量	$W_M = 0.17 P^{0.9}$

续表

名称	计算公式
空船重量	$LS = W_s + W_o + W_m$
功率系数	$a = 4977.06C_B^2 - 8105.61C_B + 4456.51$
功率系数	$b = -10847.2C_B^2 + 12817C_B - 6960.32$
弗劳德数	$Fr = \dfrac{0.5144V_k}{\sqrt{9.8065L}}$
排水量	$\Delta = 1.025LBTC_B$
功率	$P = \dfrac{\Delta^{2/3}V_k^3}{a + b \times Fn}$
载重量	$DW = \Delta - LS$
每日油耗量	$DC = 0.2 + \dfrac{0.19 \times 24}{1000}P$
载油量	$FC = DC \times (D_S + 5)$
船员、商店和水的重量	$CSW = 2DW^{0.5}$
货物载重量	$DW_C = DW - FC - CSW$
在途天数	$D_S = \dfrac{5000}{24V_k}$
在港天数	$D_P = 2\dfrac{DW_C}{8000} + 1$
每年往返	$RTPA = \dfrac{350}{D_S + D_P}$
船舶造价	$C_S = 1.3(2000W_S^{0.85} + 3500W_O + 2400P^{0.8})$
资本	$C = 0.2C_S$
运行成本	$C_R = 40000DW^{0.3}$
航程成本	$C_V = 1.05DC \times D_S \times 100 + 6.3DW^{0.8}$
每年费用	$C_A = C + C_R + C_V \times RTPA$
年货物	$AC = DW_C \times RTPA$
货运费用 TC (£/a)	$TC = C_A / AC$